OS SIGNOS NA COZINHA

— Graziella Somaschini Marraccini —

BOCCATO — Companhia Editora Nacional

Copyright © 2016, Boccato
Copyright © 2016, Companhia Editora Nacional
Todos os direitos reservados
1ª edição - 2016

BOCCATO

EDITORES: André Boccato e Emiliano Boccato
COORDENAÇÃO ADMINISTRATIVA: Maria Aparecida C. Ramos
PROJETO GRÁFICO E DIREÇÃO DE ARTE: Carlo Walhof e Dushka Tanaka (estudio vintenove)
REVISÃO DE TEXTO: Ponto A Comunicação e Conteúdo – Jussara Lopes
EDIÇÃO DE RECEITAS (Colaboração Pedrina Alves): Lilian do Amaral Vieira
COZINHA EXPERIMENTAL: Aline Maria Terrassi Leitão
FOTOGRAFIAS DAS RECEITAS: Cristiano Lopes
FOOD DESIGN: Cristine Maccarone

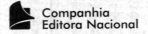

DIRETOR SUPERINTENDENTE: Jorge Yunes
DIRETORA ADJUNTA EDITORIAL: Soraia Reis
EDITORA: Anita Deak
ASSISTÊNCIA EDITORIAL: Audrya de Oliveira
COORDENAÇÃO DE ARTE: Márcia Matos

SUMÁRIO

ÁRIES 8

TOURO 20

GÊMEOS 32

CÂNCER 44

LEÃO 56

VIRGEM 68

LIBRA 80

ESCORPIÃO 92

SAGITÁRIO 104

CAPRICÓRNIO 116

AQUÁRIO 128

PEIXES 140

INTRODUÇÃO

A ideia deste livro surgiu de minhas duas grandes paixões: a Astrologia e a culinária. Nasci na Itália, logo após o término da segunda Grande Guerra, e minha mãe, que não podia dispensar a ajuda de suas filhas, me colocou bem cedinho para ajudá-la nos serviços de casa. Lembro-me de que ela me colocava sobre um pequeno banco para que eu alcançasse a pia, onde a ajudava a descascar os legumes para o "minestrone". Eu aprendi com minha mãe os segredos do "minestrone", descascando legumes e batatas, aprendi a empanar a carne para fazer um bom bife à milanesa, e aprendi a fazer aquele delicioso risoto com açafrão e funghi, e outros pratos típicos da região da Lombardia.

Eu era uma comilona, uma *mangiona* como se diz na minha terra! Pois é, com o passar dos anos, aumentou essa minha curiosidade e o amor pelo preparo dos bons pratos. Vivi na França na fase adulta, já casada, e esse fato fez aumentar e melhorar as minhas artes culinárias. Como astróloga posso deduzir que esse meu apetite era (e é) consequência da minha Lua no signo de Touro! De fato, Touro é o signo astrológico associado à boca, portanto eu só podia ser gulosa! Essa minha paixão pela culinária foi crescendo com a idade, mas foi somente após o meu casamento, durante o tempo em que morei na França, que me aprimorei realmente na cozinha. Afinal, eu precisava agradar o maridinho, que, aliás, era muito exigente em matéria de comida, tendo ele próprio sido criado por uma mãe muito hábil na arte culinária.

E por que quis escrever este livro? Para poder fornecer algumas ideias de menus para que você, caro leitor, possa agradar seu convidado ou sua convidada. Na minha terra natal ensinaram-me que os homens se conquistam na mesa e na cama, e creio que essa seja uma verdade universal! Sempre tive o maior prazer em cozinhar e deliciar meus convidados com os quitutes por mim preparados. Aprendi que cozinhar é um ato de amor, e que ele é tão importante numa relação quanto o sexo. A psicologia nos explica que, na fase oral, o bebê desenvolve o prazer que depois, mais tarde, também irá transferir para o ato sexual. Um dos maiores e também um dos primeiros prazeres da vida nos é oferecido através do nosso paladar: observem um bebê mamando ou de estômago cheio, logo após a mamada, e verão em seu rosto a imagem da felicidade e da satisfação.

A Astrologia nos ensina que o signo de Touro, regido pelo planeta Vênus, que é o planeta do prazer, rege a boca e a garganta, e que seu signo oposto, o signo de Escorpião, rege os órgãos genitais e reprodutores do ser humano. A Astrologia era, juntamente com a Astronomia e a Alquimia, uma das ciências estudadas desde antes da Idade Média e não poucos pesquisadores procuravam desvendar as analogias existentes entre ervas, poções, sabores e cheiros e as influências dos astros do nosso sistema solar.

Mas, voltando à cozinha, tenho certeza de que este livro, ao mesmo tempo o ajudará a seduzir e conquistar o ser amado, a surpreender e agradar seus amigos, seja com um jantar informal, ou com um mais sofisticado. A ideia não é fazer de você um grande *chef de cuisine*, mas oferecer-lhe pequenas receitas de fácil execução que lhe proporcionem o prazer de compartilhar uma boa refeição com aqueles a quem ama. O sucesso de um jantar pode estar na escolha correta de um menu e na capacidade de reunir em torno de uma mesa pessoas que sejam harmônicas entre si e, especialmente, que estejam sintonizadas com você.

A Astrologia, por meio do estudo dos signos astrológicos, fornece um guia extraordinário para compreender a qualidade intrínseca de cada ser humano, mas é claro que não precisamos fazer o Mapa Astral de cada convidado para convidá-lo para jantar. Basta verificar seu signo solar em somostodosum.ig.com.br. A ideia deste livro é divertir você, oferecendo algumas dicas preciosas, adequadas ao seu convidado (a), para que você escolha o prato que mais agradará. Se você tiver mais de um convidado, faça um mix com várias receitas.

O Signo Solar do convidado é determinante para que se escolha um menu adequado, mas também é importante conhecer o seu signo Ascendente, seu Signo Lunar ou até mesmo o signo onde se encontra a Casa II do seu Mapa Natal, que corresponde ao signo de Touro. Todos esses elementos compõem a sua personalidade! Mas não se aflija, você não precisa conhecer tudo do seu Mapa para apreciar as receitas deste livro! Deixe que seu instinto guie você e aprecie de forma descontraída as receitas indicadas. Com um bom jantar ou um almoço bem planejado você pode conquistar o ser amado, fechar um bom negócio, ou simplesmente fazer uma boa conexão com uma pessoa, inclusive de gerações ou de meios sociais diferentes.

E se a uma boa comida associarmos também uma boa conversação, então nosso prazer será completo. Você pode fazer um Mapa Astral para conhecer melhor a sua personalidade e aquela de seu parceiro, mas com este livro comece sua viagem gastronômica pela Roda do Zodíaco e *buon appetito*!

GRAZIELLA SOMASCHINI MARRACCINI

OS SIGNOS E A COZINHA

Se cada signo tem sua pedra, seu planeta e sua cor, por que não teria também sua preferência gastronômica, como os orixás do candomblé? Embora em *Os Signos na Cozinha* a proposta de Graziella Marraccini não seja comida de santo, mas a de sugerir cardápios bem democráticos para todos os santos (e os não tão santos) do Zodíaco. O resultado da sua experiência de astróloga e de chef caseira de tradição italiana é uma alquimia deliciosa. Afinal, o cozinheiro não é um bruxo, e os pratos que elabora, pura alquimia?

Gourmet e gourmand, na elaboração do livro como de um prato, Graziella Marraccini analisou características e selecionou ingredientes, formulou coerências e sugeriu possibilidades. E, sendo cozinhar um ato de amor, o leitor também saberá como agradar o ser amado. Duvida? Leão, por exemplo, tem um fraco pelas receitas sofisticadas, com ingredientes raros e dispendiosos. Afinal, um rei poderá comer um PF, ao lado de um humilde súdito, mas não se iluda: é pura concessão.

Leão exige o melhor do melhor, ao contrário de Virgem, que é tão frugal quanto trivial, desde que tudo seja bem-feito e bem-apresentado. Sua frugalidade não é displicente, e sim despojada. Curiosamente, as preferências leoninas lembram as do discreto Capricórnio, que, pasme, adora refinamento e ingredientes caros e raros. O que não deixa de ser um contrassenso, considerando sua proverbial contenção e parcimônia.

Já o cardápio de Touro é menos exigente e mais eclético: ele gosta de tudo – se possível, em generosas quantidades. Nesse sentido, é o oposto de Gêmeos, que, versátil e ligeiro, prefere petiscar. Mais do que a refeição, prefere os seus motivos. E eles são quase sempre de natureza social. Um jantar para o loquaz geminiano é pretexto para um bom bate-papo. Câncer, por sua vez, celebra a culinária tradicional com paciente afeto tanto em pratos doces quanto em salgados. Agregador, nasceu para nutrir e reunir, em torno da mesa de sua casa, parentes e aderentes, e o faz com grande amor e competência. Só não espere nouvelle cuisine de um canceriano. Ele acha uma empulhação e dirá que nada se compara à cozinha da *mamma*.

Mais afeito a novidades, Áries tem um fraco por comidas fortemente condimentadas. E a gula só não é um dos seus pecados, porque a fome de poder do ariano é mais conspícua do que de comida. Tão controlador quanto Áries, Escorpião entrega-se desregradamente a todos os pecados da carne, e aos outros também. E não é de espantar que Sagitário, aquele que tem asas nos pés e está sempre de mala pronta para viajar, adore a culinária de países distantes e exóticos. Já Aquário, que é puro ar, encontra no suflê um prazer inefável. Como seria previsível, o nativo de Peixes adora frutos do mar e tudo que venha do oceano. Que tal uma *bouillabaisse*, para começar? A receita é de fácil elaboração como a maioria das que a autora dá. Mesmo as que ilustram os signos que elegem pratos de elaboração complexa e refinada.

Bem-vindo ao universo regido pelo invisível fio das estrelas! E bom apetite!

MARIA ADELAIDE AMARAL
escritora

O SIGNO

Quando o Sol ingressa a 0° de Áries, no dia 20 de março* ao seccionar o Equador Celeste, inicia-se um novo Ano Solar. Áries é o primeiro signo do Zodíaco e pertence ao elemento Fogo. É governado pelo planeta Marte que, na mitologia grega, era considerado o deus da guerra e da virilidade.

Os arianos são impacientes, intensos, esbanjam vitalidade e têm necessidade de gastar suas energias em atividades físicas. Querem chegar sempre em primeiro lugar e têm urgência em alcançar seus objetivos. Bastante "esquentados", os arianos reagem com agressividade a qualquer provocação. O símbolo de Áries é o da cabeça de um carneiro com os chifres retorcidos. No corpo humano, o signo de Áries rege astrologicamente a cabeça, a testa, os olhos, a dentição e o sistema arterial. Instintivos, os arianos entram de cabeça nas aventuras, e dificilmente escapam de ferimentos nessa região. Essa energia toda pode ser canalizada para os esportes: os arianos não dispensam uma academia!

PREFERÊNCIAS ALIMENTARES

Arianos adoram as carnes em geral e costumam frequentar rodízios, inclusive em função da agilidade do serviço. Os temperos adequados ao signo são seguramente os mais apimentados e quentes, já que os arianos detestam a cozinha insossa. E também abominam as dietas, a não ser aquelas destinadas a lhes proporcionar mais vigor e energia. Adoram usar pimentas variadas, mas também são fãs de outros temperos picantes como a páprica, o gengibre e o curry.

Os legumes vermelhos, como pimentões e tomates, agradam e aguçam seu paladar, assim como as azeitonas recheadas de pimentão, alcaparras e mostardas fortes. Suas ervas aromáticas preferidas são sempre as mais picantes, que salientam o sabor dos alimentos.

Seria interessante acrescentar à sua dieta a raiz-forte, que é ao mesmo tempo estimulante e diurética, e o manjericão, que pode ser útil nas insônias de origem nervosa. O alho também é indicado, por ser um eficiente depurativo do sangue que também auxilia a eliminar as toxinas da carne vermelha.

Donos de uma intensa atividade cerebral, os arianos demonstram uma tendência ao esgotamento. Por isso é recomendada a inclusão de alguns complementos alimentares em sua dieta, especialmente a lecitina de soja, rica em fósforo, que também é útil para combater a hipertensão.

STEAK TARTAR

INGREDIENTES

400g de coxão mole, patinho ou filé mignon fresco (jamais descongelado)
1 gema
2 colheres (chá) de alcaparras bem picadas
2 colheres (chá) de cebola roxa bem picada
2 colheres (chá) de pepino em conserva bem picado
2 colheres (chá) de molho inglês
2 colheres (chá) de mostarda dijon
1 colher (sopa) de maionese
1 colher (chá) de salsa bem picada
2 colheres (chá) de conhaque
1 colher (sopa) de catchup
pimenta tabasco a gosto
sal a gosto
cebolinha picada pra decorar

MODO DE PREPARO

Com uma faca afiada, pique bem a carne até que os pedaços, mesmo irregulares, fiquem pequenos. Depois de picada, junte a ela a gema, as alcaparras, a cebola, o pepino, o molho inglês, a mostarda dijon, a maionese, a salsa, o conhaque, o catchup, pimenta e sal. Misture bem e decore com cebolinha picada.

Rendimento: 4 porções
Tempo de Preparo: 20 minutos

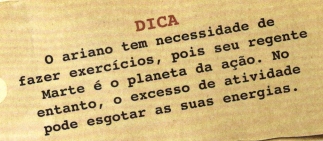

DICA
O ariano tem necessidade de fazer exercícios, pois seu regente Marte é o planeta da ação. No entanto, o excesso de atividade pode esgotar as suas energias.

ESPETO DE FILÉ MIGNON
COM PIMENTÃO

INGREDIENTES

600g de filé mignon cortado em cubos
1/2 pimentão amarelo
1/2 pimentão vermelho
4 colheres (sopa) de azeite
sal e pimenta-do-reino a gosto
espetos de madeira para churrasco
1 xícara (chá) de maionese
2 colheres (sopa) de leite
2 colheres (sopa) de cebola bem picada
1 colher (sopa) de vinagre claro
1 colher (sopa) de folhas de salsão picadas

MODO DE PREPARO

Em uma tigela, coloque o filé mignon, os pimentões e tempere com azeite, sal e pimenta. Coloque esses ingredientes nos espetos, intercalando-os. Leve-os à grelha e deixe cozinhar até o ponto desejado. Em outra tigela, misture a maionese, o leite, a cebola, o vinagre, sal e as folhas de salsão. Sirva os espetos com o molho à base de maionese.

Rendimento: 6 porções
Tempo de Preparo: 35 minutos

CHEESECAKE
COM FRUTAS VERMELHAS

INGREDIENTES

MASSA
200g de biscoito de maisena
5 colheres (sopa) de manteiga sem sal, em
    temperatura ambiente (100g)

RECHEIO
3 potes de cream cheese (450g)
1 colher (chá) de essência de baunilha
2 colheres (sopa) de suco de limão
1/2 xícara (chá) de açúcar
3 ovos
1 colher (chá) de raspas de limão

COBERTURA
1 vidro de geleia de frutas vermelhas

MODO DE PREPARO

MASSA
Triture o biscoito no processador. Transfira para uma tigela e misture a manteiga até formar uma farofa. Forre o fundo de uma forma de aro removível de 24cm de diâmetro. Leve à geladeira por 1 hora.

RECHEIO
Bata o cream cheese, a baunilha, o suco de limão, o açúcar, os ovos e as raspas de limão na batedeira até obter uma mistura homogênea. Coloque esse recheio na fôrma sobre a massa e leve ao forno preaquecido, em temperatura média, por 40 minutos. Retire do forno, deixe esfriar e leve à geladeira.

COBERTURA
Desenforme o cheesecake e espalhe a geleia de frutas vermelhas.

Rendimento: 8 porções
Tempo de Preparo: 2 horas e 30 minutos

NA COZINHA

Competitivos e impacientes, os arianos detestam perder tempo, mesmo quando se trata de comer ou cozinhar. No entanto, seu espírito pioneiro os torna aptos a liderar, seja na sua vida privada ou profissional, e assumem com prazer o papel de chef, uma vez que se sentem à vontade quando estão em posição de comando. Preferem porém pilotar um grill do que uma cozinha tradicional. Eles precisam de uma cozinha organizada e descomplicada, com todos os utensílios à mão, especialmente facas bem afiadas... Aliás, eles têm uma predileção especial pelas facas!

Eles fogem dos pratos de elaboração demorada e complicada. No entanto, gostam de dar um caráter especial às suas receitas, podendo preparar pratos que tenham seu toque personalíssimo, com temperos e especiarias variadas. Receitas fáceis, rápidas, descompromissadas, mas de sabor marcante e muito coloridas sempre atraem os arianos. Apressados, eles preferem, literalmente, "comer cru". Assim, o carpaccio ou o steak tartar costumam fazer sucesso entre os nativos em Áries.

SUGESTÃO DE CARDÁPIO

- Bruschetta com alho, manjericão e tomate
- Salada de pepino com iogurte perfumado com hortelã
- Carpaccio com rúcula
- Steak tartar
- Filé à milanesa com rúcula, panceta e molho de mostarda
- Espeto de filé mignon com pimentão
- Cheesecake com frutas vermelhas
- Sorbet de framboesa com amêndoas torradas

À MESA

Os arianos gostam do serviço à americana, e não fazem questão de se sentar à mesa, de forma tradicional. Se quiser seduzi-los, não lhes ofereça um jantar convencional, porque eles têm dificuldade em ficar esperando por muito tempo. Uma boa opção é servir bruschette como entrada e um bom vinho tinto para começar a sua noite! As receitas mais indicadas para os arianos devem levar em conta o valor calórico dos alimentos, já que normalmente eles precisam de muita energia para repor as gastas em tantas atividades. Como adoram as carnes suculentas, para eles são indicados os churrascos, os roast-beef e os grelhados em geral.

Se você convidar um ariano, não o deixe esperar duas horas na sala até que seu assado fique pronto: ele irá embora para comer um hambúrguer na primeira lanchonete!

EVITE
Doces (principalmente em calda ou compotas). Comidas com aditivos químicos, molhos e sal. Bebidas estimulantes.

O SIGNO

Touro, o segundo signo do Zodíaco, pertence ao elemento Terra e é governado pelo planeta Vênus. Vênus é a deusa da mitologia greco-romana que simboliza a beleza em todos os sentidos da manifestação material.

O taurino é estável, confiável e muito conservador, inclusive nos gostos. Regidos pela deusa que simboliza a Mãe Terra, os nativos desse signo são geralmente pessoas simples e metódicas, apegadas às coisas que amam e das quais cuidam com dedicação e ciúme. Se Áries inicia algo, Touro o conserva. Tradicionalmente, o signo de Touro rege a boca e a garganta e por essa razão muitos taurinos possuem uma beleza atraente, e também uma bela voz sensual. Seu maior desejo é conseguir a segurança material, por essa razão procura acumular bens e riquezas. Esse signo pode ser considerado o mais guloso do Zodíaco, pois adora comer! Aprecia tudo o que lhe oferece satisfação e prazer. É considerado um guloso, portanto é um gourmand (aquele que come muito) e não um gourmet (aquele que aprecia a arte de comer). Ele não desdenha o luxo, mas privilegia a fartura da boa mesa com tradição e simplicidade.

PREFERÊNCIAS ALIMENTARES

O taurino é mais do tipo "arroz com feijão, ou bife com batata frita" do que apreciador de requintados pratos exóticos. Ele gosta de ver o seu prato bem guarnecido, nada de nouvelle cuisine que o deixará desanimado só de olhar o prato! Os molhos precisam ser ricos, cremosos e saborosos, mas sem muita mistura para não confundir o sabor. Os temperos mais adequados são os tradicionais, nada exóticos, bem no tipo do refogado tradicional muito usado na culinária brasileira. O taurino também gosta muito de doces e sobremesas cremosas e, por ser guloso, tem tendência para engordar. Com a idade, torna-se pesado e rechonchudo na aparência e pode acumular facilmente gordura no corpo. Por isso é melhor não exagerar nos ingredientes gordurosos que podem piorar sua tendência para engordar. Mesmo usando a cozinha tradicional, não deve ser esquecido o valor nutricional dos alimentos. Pensando nisso, este livro traz receitas tradicionais e saborosas para esse signo, mas com uma preocupação light.

Para os taurinos, aposte em ervas como sálvia e louro, alimentos como cebola e alho-poró, num vinho tinto encorpado ou cerveja. Sirva ao Touro, na sobremesa, sorvetes ou fruta.

BRUSCHETTA
DE TOMATE E MUÇARELA COM PESTO

INGREDIENTES

2/3 de xícara (chá) de folhas de manjericão
2/3 de xícara (chá) de azeite
8 nozes
2 colheres (sopa) de queijo parmesão ralado
sal a gosto
2 tomates sem sementes picados
2 xícaras (chá) de muçarela de búfala tipo bola picada
8 fatias de pão italiano

MODO DE PREPARO

No liquidificador, coloque as folhas de manjericão, o azeite, as nozes, o queijo e sal. Bata bem até ficar homogêneo e passe para uma tigela. Misture os tomates e a muçarela. Divida essa mistura sobre as fatias de pão italiano e leve ao forno preaquecido por 20 minutos. Sirva a seguir.

Rendimento: 4 porções
Tempo de Preparo: 35 minutos

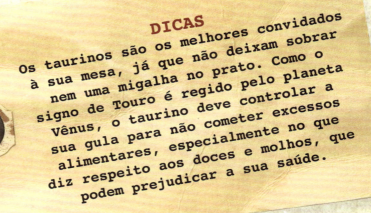

DICAS

Os taurinos são os melhores convidados à sua mesa, já que não deixam sobrar nem uma migalha no prato. Como o signo de Touro é regido pelo planeta Vênus, o taurino deve controlar a sua gula para não cometer excessos alimentares, especialmente no que diz respeito aos doces e molhos, que podem prejudicar a sua saúde.

FILÉ DE FRANGO
AO MOLHO DE MOSTARDA COM RISOTO DE QUEIJO

INGREDIENTES

FILÉ DE FRANGO AO MOLHO DE MOSTARDA
1kg de filés de frango
2 colheres (sopa) de manteiga
sal e pimenta-do-reino a gosto
3 dentes de alho espremidos
2 colheres (sopa) de azeite
4 colheres (sopa) de mostarda dijon
1 envelope de caldo de legumes em pó
2 xícaras (chá) de creme de leite fresco

RISOTO DE QUEIJO
2 envelopes de caldo de legumes em pó
7 xícaras (chá) de água fervente
2 dentes de alho espremidos
2 colheres (sopa) de azeite
2 xícaras (chá) de arroz arbóreo
1/2 xícara (chá) de vinho branco seco
1/2 xícara (chá) de camembert sem a casca, picado
1 xícara (chá) de queijo parmesão ralado
2 colheres (sopa) de manteiga gelada

MODO DE PREPARO

FILÉ DE FRANGO AO MOLHO DE MOSTARDA
Grelhe os filés em metade da manteiga e adicione sal e pimenta. Depois de grelhados, reserve. Frite o alho na manteiga restante com o azeite até ficar transparente. Acrescente a mostarda, o caldo de legumes e o creme de leite. Acerte o sal, se necessário, e despeje sobre os filés. Sirva em seguida acompanhado do risoto.

RISOTO DE QUEIJO
Dissolva o caldo de legumes na água fervente e reserve. Frite o alho no azeite, acrescente o arroz e adicione o vinho. Mexa até secar e acrescente a água fervente com o caldo, aos poucos, mexendo sempre, até que o arroz esteja quase seco. Adicione os queijos e mexa até derreter. Desligue e junte a manteiga. Sirva a seguir.

Rendimento: 5 porções
Tempo de Preparo: 50 minutos

CREPE DE BANANA
COM CALDA DE COCO QUEIMADO

INGREDIENTES

MASSA
1 e 1/2 xícara (chá) de leite
1 e 1/4 de xícara (chá) de farinha de trigo
2 ovos
1 colher (sopa) de manteiga derretida
1 colher (sopa) de açúcar
1/2 colher (chá) de bicarbonato de sódio

DOCE DE BANANA
1 xícara (chá) de água
1 canela em pau
1/2 xícara (chá) de açúcar
2 colheres (sopa) de rum
5 bananas-pratas cortadas em rodelas finas

CALDA
1/4 de pacote de coco em flocos
1/2 xícara (chá) de açúcar
1 xícara (chá) de água de coco

MODO DE PREPARO

MASSA
Bata no liquidificador o leite, a farinha de trigo, os ovos, a manteiga, o açúcar e o bicarbonato. Frite os crepes em frigideira antiaderente untada e reserve.

DOCE DE BANANA
Ferva a água com a canela e o açúcar por 10 minutos, em fogo alto. Junte o rum e ferva mais 1 minuto. Desligue o fogo e coloque as bananas. Misture e deixe descansar por 10 minutos. Dobre os crepes e recheie com o doce de banana.

CALDA
Coloque o coco em flocos em uma frigideira e leve ao fogo, mexendo sempre até que o coco fique dourado. Reserve. Em uma panela, coloque o açúcar, leve ao fogo até caramelizar e junte a água de coco. Deixe ferver, em fogo baixo, até que todo o açúcar dissolva. Junte o coco ralado e desligue. Sirva a calda sobre os crepes.

Rendimento: 6 porções
Tempo de Preparo: 40 minutos

NA COZINHA

O taurino mostra sua cozinha com orgulho. Um fogão sólido e boas panelas de barro ou ferro fazem a sua felicidade. Encontramos muitos taurinos nas melhores cozinhas como chefs, mas não esperem deles uma nouvelle cuisine, com pratos inventados e exóticos. Ele sempre irá preferir as receitas mais tradicionais, mesmo que essas receitas sejam revisitadas e enriquecidas com outros ingredientes. Molhos espessos e cremosos são os seus preferidos. Ele precisa trabalhar com fartura – pois tem medo que lhe faltem ingredientes – e vive aterrorizado de que a quantidade de comida não seja suficiente para satisfazer os seus convidados.

SUGESTÃO DE CARDÁPIO

- Cogumelos grelhados com ervas
- Bruschetta de tomate e muçarela com pesto
- Salada de legumes variados com molho *blue cheese*
- Salada de carne desfiada com minibatatas
- Tagliatelle ao molho branco gratinado
- Filé mignon ao molho de roquefort com batata boulangère
- Filé de frango ao molho de mostarda com risoto de queijo
- Cuscuz marroquino
- Crepe de banana com calda de coco queimado

À MESA

O taurino adora ser convidado para jantar! A comida para ele é um verdadeiro prazer, mas sua forma gulosa de comer pode não agradar a todos. Ele adora molhos espessos, ricos em manteiga e cremes, com muitas calorias. As massas italianas, incluindo as lasanhas bem cremosas, são as mais adequadas para agradá-lo. E não deixe faltar o pão com manteiga, pois ele poderá se sentir insatisfeito sem esse elemento à mesa.

Touro gosta de comida tradicional e não repara muito na estética dos pratos. Ele come muito, assim, as quantidades precisam ser generosas. A avidez e o prazer com que ele come acabam contagiando os outros convidados que estão à sua mesa. Portanto, fique atento às porções.

EVITE
Alimentos muito apimentados ou demasiadamente exóticos. Comidinhas do tipo finger food, que irão deixá-lo com a impressão de não ter comido!

O SIGNO

Gêmeos é o terceiro signo da Roda Zodiacal. É regido pelo planeta Mercúrio e pertence ao elemento Ar. Representa a comunicação, o comércio, o intercâmbio e as viagens. Tem relação com o ensino, as crianças e a mídia de maneira geral. Os signos que pertencem ao elemento Ar são signos sociáveis e intelectuais. Necessitam de estímulo constante para se manterem conectados. Mercúrio rege o aparelho respiratório e as mãos e braços dos geminianos.

O nativo de Gêmeos é agitado, curioso, não para quieto nem um minuto e costuma fazer mil coisas ao mesmo tempo. Comunicativo, é considerado o signo mais falante do Zodíaco. Pode passar de um assunto para o outro num segundo! Inteligente e esperto, o geminiano tem muita facilidade de aprendizado e com sua mente engenhosa consegue se adaptar facilmente às mudanças da vida, gostando de experiências sempre renovadas. Costuma, porém, ser bastante dispersivo.

Você sabe por que dizem que os italianos "falam com as mãos"? Porque a Itália nasceu como república em 2 de junho de 1945 – é, portanto, um país "geminiano"!

PREFERÊNCIAS ALIMENTARES

A versatilidade do geminiano é observada também na cozinha, onde ele tem prazer em preparar rapidamente pratos deliciosos e criativos. Como adora viajar e assimilar novas culturas, gosta de experimentar e conhecer novos pratos. No entanto, pode ser que sua melhor especialidade não seja realmente a culinária. De fato, ele prefere beliscar, pois não tem muita paciência para preparar pratos complicados ou ficar sentado muito tempo à mesa. É muito ativo e necessita de movimento constante, por isso queima também muita energia e precisa de alimentos energéticos e nutritivos.

As bebidas para os geminianos são leves – prefere sucos. Álcool só de vez em quando! Para essas ocasiões, caem bem ao Gêmeos cervejas com baixo teor alcoólico, vinho tinto Cabernet Sauvignon ou Prosecco. Ervas e temperos que agradam os geminianos são o anis, a erva-cidreira, a melissa e a manjerona. Entre os alimentos que lhe são adequados estão a cenoura, vegetais diversos (menos repolho e couve), nozes, castanhas, amêndoas, ervilhas e favas. Na sobremesa, sua preferência vai para os sorbets e as frutas.

DICAS

Gêmeos é regido pelo planeta Mercúrio, por essa razão os nativos deste signo são irrequietos, não sendo pacientes nem mesmo para comer. Para melhorar o seu metabolismo é necessário que ingiram alimentos frescos, mas também carboidratos, e podem preferir a cerveja ao vinho.

BRUSCHETTA DE QUEIJO DE CABRA
COM ERVAS E NOZES

INGREDIENTES

8 fatias de pão italiano
1 dente de alho cortado ao meio
1 xícara (chá) de queijo de cabra tipo boursin
5 folhas grandes de hortelã
5 folhas grandes de manjericão
1 ramo pequeno de alecrim (só as folhas)
1 pitada de noz-moscada
1/2 xícara (chá) de nozes picadas

MODO DE PREPARO

Leve as fatias de pão ao forno para torrarem. Esfregue o alho nas fatias de pão e espalhe o queijo boursin sobre elas. Pique as ervas e misture-as à noz-moscada. Polvilhe essa mistura sobre o queijo, distribua as nozes e leve ao forno preaquecido em temperatura média-alta por 10 minutos. Sirva a seguir.

Rendimento: 4 porções
Tempo de Preparo: 30 minutos

ROLINHOS DE FRANGO RECHEADOS
E BATATAS SAUTÉES

INGREDIENTES

FRANGO

1kg de filés de frango
4 colheres (sopa) de shoyu
sal a gosto
2 colheres (sopa) de folhas de salsão picadas
1 cenoura cortada em palitos
1 alho-poró cortado no sentido do comprimento
palitos de madeira para prender
2 ovos batidos
2 xícaras (chá) de farinha de rosca
óleo para fritar

BATATA

1kg de batatas descascadas e cortadas em
    cubos grandes
2 envelopes de caldo de legumes em pó
3 folhas de louro
2 colheres (sopa) de manteiga
1 colher (sopa) de azeite
4 colheres (sopa) de cebolinha picada

MODO DE PREPARO

FRANGO

Tempere o frango com o shoyu, sal e as folhas de salsão. Coloque palitos de cenoura e alho-poró sobre as bordas dos filés e enrole-os, prendendo com palitos de madeira. Passe os rolinhos pelos ovos e pela farinha de rosca. Frite-os em óleo quente até dourarem.

BATATA

Cozinhe as batatas em água com o caldo de legumes e as folhas de louro até ficarem *al dente* e escorra. Em uma frigideira, aqueça a manteiga junto com o azeite e frite as batatas até começarem a dourar nas bordas. Desligue, polvilhe a cebolinha e sirva acompanhando o frango.

Rendimento: 6 porções
Tempo de Preparo: 45 minutos

ARROZ-DOCE
COM CANELA E CRAVO-DA-ÍNDIA

INGREDIENTES

1 e 1/2 xícara (chá) de arroz
5 xícaras (chá) de água
2 canelas em pau
10 cravos-da-índia
1 e 1/2 xícara (chá) de açúcar
2 xícaras (chá) de creme de leite fresco
3 gemas
canela em pó para polvilhar

MODO DE PREPARO

Em uma panela, coloque o arroz, a água, a canela, os cravos e o açúcar. Leve ao fogo e cozinhe até que o arroz esteja macio. Acrescente o creme de leite, misturado com as gemas e mexa rapidamente para cozinhar as gemas e não formar grumos. Coloque o arroz-doce em taças ou potes individuais e sirva polvilhado com a canela em pó.

Rendimento: 8 porções
Tempo de Preparo: 40 minutos

NA COZINHA

Antes de qualquer coisa, a cozinha do geminiano precisa ser integrada à sala onde ficam os convidados porque ele detesta ficar longe da conversa principal enquanto cozinha! O geminiano certamente é muito criativo e consegue preparar um rápido jantar com qualquer ingrediente que tenha na geladeira. Porém, pode bagunçar o resultado final com sua improvisação. É importante que ele se atenha ao menu escolhido, pois ao mudar de opinião acaba prejudicando o resultado final com alguma experiência nova. Quando é ele quem convida, prefere servir inúmeras entradas e atraentes petiscos. Mas é provável que se esqueça de dar a devida atenção ao prato principal!

SUGESTÃO DE CARDÁPIO

- Entrada de legumes grelhados
- Azeitonas com cogumelos e tremoço
- Bruschetta de queijo de cabra com ervas e nozes
- Salada de folhas com lascas de papaia verde e manga
- Salada de repolho roxo e branco com frutas secas
- Bife de vitela à milanesa com risoto de alho-poró
- Rolinhos de frango recheados e batatas sautées
- Penne com tomates e manjericão
- Arroz-doce com canela e cravo-da-índia
- Peras grelhadas com sorvete de baunilha

À MESA

Quando você convidar um geminiano não esqueça que para ele a comida precisa ser atraente mesmo do ponto de vista visual. Os pratos coloridos e variados irão seguramente cativá-lo. O geminiano adora os jantares "à americana", onde ele poderá experimentar de tudo um pouco, bem a seu gosto. Gosta de alimentos frescos e especialmente de saladas, mas adora uma novidade e pode apreciar um prato exótico ou oriental. Para ele, o *finger food* pode ser adequado. É o convidado ideal para entreter os amigos com uma boa conversa.

EVITE
Os temperos fortes e molhos elaborados. O paladar do geminiano é muito delicado e não aprecia gostos excessivamente apimentados e especiarias marcantes!

O SIGNO

Quarto signo do Zodíaco, Câncer é um signo de Água, regido pela Lua, nosso satélite. A Quarta Casa é astrologicamente aquela que representa a mãe, a família, o lar e o ambiente que liga as pessoas às suas origens.

O canceriano é um ser sentimental e emotivo e é famoso por sua timidez e introversão. A Lua é a própria essência da figura materna, e, por essa razão, o canceriano, mesmo do sexo masculino, é um ser muito protetor e maternal. Como a Lua, porém, o canceriano é instável, mudando de humor muito rapidamente. Romântico, adora a música, com a qual pode expressar seus sentimentos e emoções. Para se sentir seguro, precisa de um ambiente familiar aconchegante, onde terá as fotos da família e as lembranças de sua infância. Adora receber e, na cozinha, prefere "as receitas da mamãe". Porém, como o caranguejo que o representa, ele tem garras e pode ser agressivo quando se sente ameaçado.

Você se lembra das famosas madeleines de Marcel Proust? O gosto estimulando a lembrança... Proust era canceriano!

PREFERÊNCIAS ALIMENTARES

A Lua, em Astrologia, rege o estômago e o processo digestivo. É o primeiro alimento que o bebê recebe junto com o amor materno. Essa é uma das razões pelas quais o canceriano adora as sopas e todos os alimentos que necessitam de fervura. De fato, os alimentos cozidos ou refogados permanecem um bom tempo no estômago, prolongando a sensação de satisfação. Porém, o canceriano tem tendência para reter líquidos. Sendo assim, não deve exagerar nas porções ingeridas. Ele é um cozinheiro natural e gosta de receber os amigos à sua mesa.

O canceriano prefere as bebidas mais doces e suaves. Gosta de licores de preferência adocicados. Um bom vinho rosé, do tipo Rosé d'Anjou. Entre suas ervas e temperos apreciados estão a verbena, o anis, o estragão e a salsa. Gosta de leite, peixe, frutas e vegetais com alto teor de água (nabo, repolho e couve). Aprecia os doces, especialmente os caseiros. Os chocolates são sempre bem-vistos e apreciados.

SALADA DE BATATAS
COM BACALHAU

INGREDIENTES

500g de bacalhau em lascas dessalgado
1kg de batatas descascadas e cortadas em cubos médios
sal a gosto
1/2 pimentão vermelho picado
1/2 xícara (chá) de azeite
1 pimenta-de-cheiro picada
1/2 xícara (chá) de cebolinha picada
2 colheres (sopa) de coentro picado
4 colheres (sopa) de amêndoas em palitos torradas

MODO DE PREPARO

Ferva o bacalhau até ficar macio e escorra. Deixe esfriar e desfie as lascas um pouco mais. Cozinhe as batatas em água e sal até ficarem *al dente* e escorra. Deixe esfriar. Em uma tigela misture o pimentão, o azeite, a pimenta, a cebolinha e o coentro. Acrescente o bacalhau e as batatas e misture para pegar o tempero. Deixe descansar por 30 minutos. Na hora de servir, polvilhe as amêndoas.

Rendimento: 6 porções
Tempo de Preparo: 1 hora

DICAS
Um jantar à moda antiga, com aquela toalha da mamãe e pratos da cozinha tradicional, fará certamente a felicidade do seu convidado canceriano!

ESCALOPES DE FILÉ MIGNON
COM CHAMPIGNONS E PURÊ DE BATATA

INGREDIENTES

PURÊ
1kg de batatas cozidas
3 colheres (sopa) de manteiga
1/2 xícara (chá) de creme de leite fresco
2 colheres (sopa) de salsa picada
sal a gosto

ESCALOPES
1kg de escalopes de filé mignon
sal e pimenta-do-reino a gosto
1/4 de xícara (chá) de molho inglês
4 colheres (sopa) de azeite
1 cebola cortada em cubos
1 e 1/2 xícara (chá) de champignons
      em conserva fatiados

MODO DE PREPARO

PURÊ
Passe as batatas ainda quentes pelo espremedor de legumes e coloque em uma panela. Leve ao fogo e adicione a manteiga, o creme de leite, a salsa e sal. Reserve.

ESCALOPES
Tempere os escalopes com sal, pimenta e o molho inglês. Em uma frigideira, aqueça o azeite, aos poucos, e vá fritando os escalopes até ficarem no ponto desejado. Passe os escalopes para um refratário e despeje a cebola e os champignons na mesma frigideira. Deixe fritar até a cebola ficar transparente, mexendo sempre. Se a frigideira estiver muito seca, coloque mais um pouco de azeite. Sirva os escalopes cobertos com os champignons e acompanhados do purê.

Rendimento: 6 porções
Tempo de Preparo: 50 minutos

TIRAMISU

INGREDIENTES

4 gemas
3/4 de xícara (chá) de açúcar
500g de queijo mascarpone
2 claras em neve
1 e 1/4 de xícara (chá) de café sem açúcar
1/4 de xícara (chá) de grappa (pode substituir por
    brandy, Marsala, rum ou uísque)
1 caixa de biscoito champagne
2 colheres (sopa) de cacau em pó

MODO DE PREPARO

Bata as gemas com o açúcar na batedeira até obter um creme esbranquiçado. Misture o queijo mascarpone e, por último, adicione as claras em neve, incorporando levemente. Misture o café com a grappa e molhe os biscoitos nessa mistura. Coloque metade dos biscoitos umedecidos em um refratário, cubra com uma camada do creme de mascarpone e repita a operação, finalizando com o creme. Leve para gelar e, na hora de servir, polvilhe o tiramisu com o cacau em pó peneirado.

Rendimento: 8 porções
Tempo de Preparo: 40 minutos

NA COZINHA

A cozinha do canceriano é uma peça importante da casa, ou talvez a mais importante. Ele gosta de panelas de barro ou de ferro, à moda antiga, e também, se puder, vai gostar de um velho forno a lenha como nas antigas fazendas, onde os alimentos levam muito tempo para ferver e cozinhar. O canceriano gosta de comer em companhia e adora convidar as pessoas e os familiares para compartilhar com ele os prazeres da boa mesa.

SUGESTÃO DE CARDÁPIO

- Salada de batatas com bacalhau
- Salada Caesar: alface, frango desfiado, croûtons
- Filé ao molho de mostarda com batatas sautées
- Escalopes de filé Mignon com champignons e purê de batata
- Profiteroles com calda de chocolate
- Tiramisu
- Sorvete de baunilha com lascas de amêndoas e chocolate

À MESA

É muito agradável ter um canceriano como convidado. Ele é uma pessoa maleável e se sente bem em qualquer ambiente. No entanto, sendo tímido por natureza, precisará de um estímulo suplementar para se enturmar e fazer amigos.

É melhor que seu convidado esteja entre pessoas conhecidas, caso contrário poderá não apreciar o convite. Para um jantar romântico você precisa deixá-lo à vontade e, se quiser conquistar seu coração, prepare tudo como manda o figurino: luz baixa, música romântica ao fundo, luz de velas e, se puder, uma boa lareira acesa.

EVITE

Os sabores para o canceriano não devem ser marcados ou muito apimentados. Prefira temperos suaves e alimentos cremosos. Os embutidos como as linguiças devem ser evitados.

O SIGNO

O signo de Leão é talvez o mais criativo dentre os signos do elemento Fogo. Quinto signo da Roda Zodiacal, tem relação com o mundo artístico, as festas e os esportes como todos os signos de Fogo. O regente de Leão é o próprio Astro-Rei de nosso sistema, o Sol. É ele que rege o coração, nosso centro vital, e a espinha dorsal que nos sustenta e nos fornece a energia e a força física.

Do mesmo modo que o Sol é o centro de nosso sistema planetário, o leonino gosta de se sentir no centro das atenções, de brilhar, enfim, de chamar atenção. Sua altivez é famosa e salta aos olhos. O coração é o órgão relacionado com o sentimento do amor, com a paixão, por isso os leoninos são tão passionais! Porém, é muito difícil falar dos nativos desse signo sem falar de sua generosidade, de sua nobreza de caráter e de sua fidelidade. O leonino tem muita vitalidade, força de vontade, senso de autoridade e de organização. Adora comandar e sempre se cerca de súditos, diante dos quais ele, magnânimo, se coloca como um verdadeiro rei.

Você sabia que esse é o signo em que encontramos mais atores? Por que será? Eles adoram um holofote!

PREFERÊNCIAS ALIMENTARES

A comida para o leonino representa a sensualidade e a virilidade, ou seja, a verdadeira força da vida! Ele adora os prazeres da mesa e da cama e se aplica com a mesma paixão à comida e ao amor. E toma muito cuidado com aquilo que come pois sabe que é do alimento que ele retira toda sua força e vigor. Adepto da vida saudável (ele enche as academias de ginástica!), prefere alimentos frescos e simples, mas isso não o impede de apreciar uma comida mais sofisticada, desde que seja criativa e especial. É hábil no uso de ervas e especiarias e gosta principalmente do endro (dill). Os sabores precisam ser marcantes, picantes e fortes, mas ele pode apreciar os doces, especialmente se tiverem um toque de conhaque ou brandy.

As chamadas bebidas finas que demonstram bom gosto e status atraem o Leão. Ele faz questão de bons vinhos, tintos de preferência e encorpados, para acompanhar as carnes que ama.

Ervas e temperos indicados para o leonino são o açafrão, a hortelã-pimenta e o alecrim. As especiarias orientais têm para ele um especial encanto. Sua predileção são carnes vermelhas, arroz, vegetais com alto teor de ferro, como espinafre e agrião, e cereais. Carnívoros, não resistem a um bom cabrito assado no forno, uma carne ensopada, patos ou um suculento bife.

CARPACCIO
COM RÚCULA

INGREDIENTES

2 colheres (sopa) de alcaparras
3 colheres (sopa) de mostarda
2 colheres (sopa) de aceto balsâmico
1 colher (sopa) de queijo parmesão ralado fino
1/2 xícara (chá) de manga picada
sal a gosto
1/2 maço de rúcula
300g de carpaccio de carne bovina
queijo parmesão ralado grosso para finalizar
torradas para servir

MODO DE PREPARO

Coloque, no liquidificador, ou triture no mixer de mão, as alcaparras junto com a mostarda, o aceto, o queijo parmesão ralado fino, a manga e sal. Disponha a rúcula em um prato e espalhe o carpaccio por cima. Distribua o molho sobre eles e salpique queijo ralado grosso. Sirva com as torradas.

Rendimento: 6 porções
Tempo de Preparo: 20 minutos

DICAS

Surpreenda um leonino com um menu insólito ou até mesmo exótico, elaborado especialmente para ele. Use talheres de prata e sua melhor porcelana: faça-o sentir-se especial e você ganhará o seu coração.

RISOTO MILANÊS
COM SHITAKE SECO E OSSOBUCO

INGREDIENTES

OSSOBUCO
1 xícara (chá) de bacon picado
2 colheres (sopa) de óleo
1kg de ossobuco bovino
3 dentes de alho picados
6 cebolas médias em rodelas finas
4 xícaras (chá) de tomate sem pele
    e sem sementes picado
1 colher (sopa) de extrato de tomate
sal e pimenta-do-reino a gosto
1 xícara (chá) de salsa picada
1/2 colher (chá) de cominho em pó

RISOTO
2 envelopes de caldo de legumes em pó
3 colheres (sopa) de manteiga
4 colheres (sopa) de cebola picada
1 e 1/2 xícara (chá) de arroz arbóreo
2/3 de xícara (chá) de vinho branco seco
1 pitada de pimenta-do-reino branca
1 colher (chá) de pistilos de açafrão
1 xícara (chá) de shitake seco hidratado
2 colheres (sopa) de queijo parmesão ralado

MODO DE PREPARO

OSSOBUCO
Na panela de pressão, refogue o bacon no óleo. Adicione o ossobuco e deixe dourar bem. Coloque o alho, misture e adicione as cebolas. Acrescente os tomates, o extrato de tomate, sal e pimenta. Tampe a panela e deixe cozinhar em fogo médio por 40 minutos ou até a carne ficar macia. Finalize com a salsa e o cominho.

RISOTO
Misture o caldo de legumes em sete xícaras (chá) de água e aqueça. Em uma panela, aqueça uma colher (sopa) de manteiga e frite a cebola rapidamente. Junte o arroz, o vinho, a pimenta e os pistilos de açafrão. Quando o vinho secar, adicione o caldo de legumes quente, aos poucos, mexendo sempre. No meio do cozimento, acrescente o shitake. Quando o arroz estiver *al dente* e com um pouco de líquido, junte o queijo parmesão e misture até derreter. Desligue, misture a manteiga restante e sirva com o ossobuco.

Rendimento: 5 porções
Tempo de Preparo: 50 minutos

PANNA COTTA
COM CALDA DE ABACAXI E HORTELÃ

INGREDIENTES

PANNA COTTA
1 e 1/2 xícara (chá) de leite
1 e 1/2 xícara (chá) de creme de leite fresco
3/4 de xícara (chá) de açúcar
1 envelope de gelatina incolor em pó (12g)
1 colher (chá) de essência de baunilha

CALDA
1 e 1/2 xícara (chá) de suco de abacaxi concentrado
1/2 de xícara (chá) de folhas de hortelã
1/3 de xícara (chá) de açúcar

MODO DE PREPARO

PANNA COTTA
Aqueça o leite, o creme de leite e o açúcar mas não deixe ferver e desligue. Hidrate a gelatina em cinco colheres (sopa) de água. Junte a gelatina ao leite quente e mexa até dissolver. Adicione a baunilha e distribua em fôrmas individuais. Deixe esfriar e leve à geladeira até firmar. Na hora de servir, passe uma faquinha pelas laterais e desenforme, cobrindo com a calda de abacaxi com hortelã fria.

CALDA
Bata no liquidificador o suco de abacaxi e as folhas de hortelã. Passe para uma panela e adicione o açúcar. Leve ao fogo, mexendo de vez em quando até formar uma calda não muito grossa. Deixe esfriar.

Rendimento: 4 porções
Tempo de Preparo: 4 horas

NA COZINHA

O leonino gosta de tudo o que é bom e tem predileção por carnes. Normalmente não gosta de aves, pois são muito complicadas para comer, e pouco aprecia o peixe pela mesma razão. Os pratos *flambés* o atraem bastante, naturalmente! Ele não gosta muito de cozinhar, a não ser em ocasiões especiais, quando possa estar no centro das atenções para ser devidamente aplaudido ao final de sua "obra".

SUGESTÃO DE CARDÁPIO

- Carpaccio com rúcula
- Presunto cru com melão ou figos
- Cabrito assado ao forno com batatas coradas
- Filé ao molho de mostarda dijon com arroz e ervas
- Risoto milanês com shitake seco e ossobuco
- Panna cotta com calda de abacaxi e hortelã
- Abacaxi flambado com sorvete de baunilha

À MESA

O leonino senta-se à mesa como um rei e quer estar no centro das atenções. Ele gosta de tudo o que é bom e tem predileção por carnes. É importante que o menu seja elaborado e bem apresentado, dando a sensação de conter receitas de grandes chefs de cozinha, com ingredientes sofisticados. A mesa precisa estar preparada como para um banquete: pratos e talheres de prata, toalha fina e flores e velas no centro. O leonino gosta de brilhos e aprecia os pratos *flambés*.

EVITE
Não peça para seu amigo leonino ajudá-lo na cozinha: ele só aceitará se ele mesmo pilotar o fogão para lhe apresentar aquele prato que só ele sabe fazer!

O SIGNO

Sexto signo da Roda Zodiacal, Virgem é um signo de Terra, regido pelo planeta Mercúrio, relacionado com o intelecto, o raciocínio e a comunicação. Mas esse Mercúrio é diferente do volátil e aéreo Mercúrio que rege o signo de Gêmeos – é de Terra, mais prático e analítico, mais pé no chão!

Os virginianos são geralmente pessoas devotadas, trabalhadoras, verdadeiras formiguinhas sempre prontas a servir e ajudar. Eles se preocupam com a limpeza, a higiene e a saúde. Por essa razão encontramos muitos virginianos nos hospitais, na saúde pública, nos laboratórios de análise e pesquisa e no ensino. Lógicos e práticos, são eficientes e engenhosos, trabalham com habilidade e responsabilidade. São meticulosos também no preparo dos alimentos. Muito preocupados com a qualidade da comida, irão escolher os melhores produtos, frescos e dentro do prazo de validade, apresentando um menu balanceado e saudável. Detestam desperdícios e, no dia a dia, sempre acharão um meio de elaborar um novo prato a partir das sobras!

Você sabia que a bela atriz italiana Sofia Loren é virginiana? O signo de Virgem é um signo de beleza!

PREFERÊNCIAS ALIMENTARES

Nada parece satisfazê-los mais do que uma boa e suculenta salada de folhas verdes variadas. Para eles a alimentação tem sempre por base principal a saúde e assim a seleção dos alimentos fica sempre condicionada a um bom programa gastronômico em que o aspecto dietético não seja esquecido. Os grelhados, especialmente de peixe, e as saladas como acompanhamento são a sua dieta preferida. O virginiano prefere sabores definidos, suaves ou fortes, refrescantes ou levemente adstringentes. Vários potinhos com legumes cortados de maneira meticulosa e em várias cores devem compor sua mesa. Usa temperos com parcimônia e prefere deixar as pimentas para servir à hora de comer. Muitos gostam de fazer seu próprio pão e consomem arroz e cereais integrais. Quinoa, arroz selvagem e outros grãos podem agradar seu paladar.

Entre as ervas e temperos do gosto de Virgem não há nenhuma especiaria de sabor agressivo. Pode apreciar sálvia, dill e manjericão. Os alimentos vegetais que crescem dentro da terra serão sempre os seus preferidos, principalmente se forem orgânicos.

Na sobremesa, encaram um abacaxi com hortelã, doces com açúcar mascavo, uvas, maçãs, peras, naturais ou em compotas. Água, chás e sucos naturais estão em primeiro lugar. Os vinhos devem ser leves e frutados, não muito secos.

SALADA DE FOLHAS VERDES
COM MOLHO DE ROMÃ

INGREDIENTES

1 xícara (chá) de sementes de romã
suco de 1/2 limão siciliano
1/2 xícara (chá) de azeite
sal a gosto
1 colher (chá) de raspas de limão siciliano
15 ramos de agrião
10 folhas de alface-crespa
10 folhas de alface-americana
1 xícara (chá) de broto de alfafa
10 flores comestíveis

MODO DE PREPARO

Bata as sementes de romã no liquidificador, no modo pulsar, para soltar os caroços e peneire. Volte o suco de romã para o liquidificador, acrescente o suco de limão e bata novamente. Vá adicionando o azeite, em fio, com o liquidificador ligado para deixar o molho bem homogêneo. Tempere com sal, passe para uma tigela e misture as raspas de limão. Em uma saladeira, coloque as folhas de agrião, as alfaces, os brotos e as flores. Sirva a salada temperada com o molho de romã.

Rendimento: 4 porções
Tempo de Preparo: 20 minutos

CARTOCCIO DE PEIXE
COM CENOURA, ALHO-PORÓ E BATATAS NO VAPOR

INGREDIENTES

1kg de postas de corvina
suco de 1 limão
3 colheres (sopa) de azeite
sal a gosto
1/2 xícara (chá) de saquê
quadrados de papel-manteiga para embrulhar
    o peixe
2 cenouras médias cortadas em rodelas
1 talo de alho-poró fatiado
1kg de batatas descascadas e cortadas em cubos
3 colheres (sopa) de salsa picada
noz-moscada a gosto
100g de manteiga gelada cortada em cubos

MODO DE PREPARO

Em uma tigela, coloque o peixe e tempere com o limão, o azeite, sal e o saquê. Coloque cada posta de peixe em um pedaço de papel-manteiga, arrume algumas rodelas de cenoura e alho-poró sobre o peixe, feche os embrulhos e disponha em uma assadeira. Leve ao forno preaquecido por 30 minutos em temperatura média. Cozinhe as batatas no vapor, tempere com sal, salsa e noz-moscada. Abra os embrulhos de papel-manteiga e sirva o peixe com as batatas cozidas quentes e cobertas com cubos de manteiga.

Rendimento: 5 porções
Tempo de Preparo: 45 minutos

CREME DE PAPAIA
COM CASSIS

INGREDIENTES

4 xícaras (chá) de papaia picada
4 xícaras (chá) de sorvete de creme
licor de cassis a gosto
folhas de hortelã para decorar

MODO DE PREPARO

No liquidificador, bata a papaia e o sorvete de creme até ficar homogêneo. Passe para 4 taças, regue o licor e decore com hortelã. Sirva a seguir.

Rendimento: 4 porções
Tempo de Preparo: 10 minutos

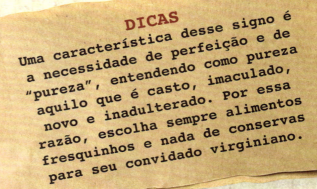

DICAS
Uma característica desse signo é a necessidade de perfeição e de "pureza", entendendo como pureza aquilo que é casto, imaculado, novo e inadulterado. Por essa razão, escolha sempre alimentos fresquinhos e nada de conservas para seu convidado virginiano.

NA COZINHA

O virginiano tem mania de limpeza e ordem, e na cozinha é meticuloso e detalhista. Ele se preocupa em servir ingredientes saudáveis, receitas balanceadas, produtos frescos e legumes bem escolhidos. Capricha também na apresentação, sempre em pequenas quantidades e com alimentos harmoniosamente combinados. Evita o excesso, e o seu conceito de boa comida é sempre prático, aliando o senso estético ao valor nutricional. É adepto das dietas naturais e prefere os alimentos orgânicos. Virgem não tem tendência para engordar, mas adora uma dieta!

SUGESTÃO DE CARDÁPIO

- Salada de folhas verdes com molho de romã
- Endívias com molho de queijo roquefort e peras
- Fundo de alcachofra com azeite de oliva e pesto
- Peito de frango grelhado com aspargos selvagens no vapor
- Cartoccio de peixe com cenoura, alho-poró e batatas no vapor
- Creme de papaia com cassis

À MESA

Ter um virginiano à sua mesa será um verdadeiro prazer para o jantar, porém você precisará elaborar o seu menu com muito bom senso. Ele irá apreciar os pratos se as porções forem pequenas e variadas e especialmente se não apresentarem molhos demasiadamente ricos e espessos.

Os detalhes da decoração também são importantes para seu convidado virginiano: toalha e louça impecáveis, talheres e copos brilhantes são detalhes que o agradarão.

EVITE
Carnes suculentas, lasanhas gordurosas e aqueles pratos nos quais sobram cremes e molhos... nada mais desagradável para um virginiano! Talvez ele prefira até mesmo uma dieta vegana!

O SIGNO

Pertencente ao elemento Ar, o signo de Libra ou Balança é regido pelo planeta Vênus. Corresponde à sétima Casa do Zodíaco, que simboliza o casamento, as parcerias e associações, e a sociedade. Marcando o início da primavera no Hemisfério Norte e o outono no Hemisfério Sul, o Sol se encontra "no meio do caminho" quando se inicia o signo de Libra. Os dois pratos da Balança simbolizam muito bem suas características, pois os nativos desse signo estão sempre em busca do equilíbrio e da justiça nas suas ações e no seu julgamento.

Os librianos são esteticamente belos, manifestando sua personalidade com delicadeza e doçura, agindo de forma charmosa e cativante, com amabilidade. Ter Vênus como regente – o planeta do amor e da beleza – seria a razão de os nativos de Libra serem assim. A graça natural com a qual eles se expressam demonstra o cuidado com que agem nos seus relacionamentos. Quando algo os desagrada, eles têm dificuldade de se expressar, e são capazes de engolir uma comida intragável somente para não fazer uma crítica ao dono da casa. Muitos deles são artistas. Como são amantes da paz, são bons diplomatas e julgam com equidade, sendo capazes de conciliar opostos. Em muitas ocasiões eles parecem ficar em cima do muro e certamente têm alguma dificuldade em tomar decisões.

Sabe aquele ditado: não sei se eu caso ou compro uma bicicleta? Foi inventado por um libriano!

PREFERÊNCIAS ALIMENTARES

Na cozinha o libriano irá preferir coisas leves, comidas frescas e com fragrância, que agradem os olhos assim como o paladar. As ervas e especiarias usadas no preparo dos alimentos são delicadas, como a sálvia e o endro; as carnes serão de preferência brancas, como a vitela e o frango. Nada de bife sangrento para um libriano! E as porções também serão comedidas: o libriano prefere deixar a mesa com um pouco de fome do que comer como um guloso. Eles gostam tanto de peixes quanto de outras carnes, desde que os produtos tenham qualidade e sejam muito bem apresentados, com louças finas e com etiqueta. Em geral, preferem os grelhados por serem mais saudáveis. Vinhos leves, rosados, espumantes, prosecco e champanhe são certamente as bebidas preferidas de Libra.

Nunca pergunte a um libriano o que ele quer comer! Você acabará a noite com fome por não ter conseguido escolher o restaurante!

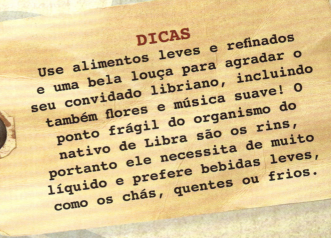

DICAS

Use alimentos leves e refinados e uma bela louça para agradar o seu convidado libriano, incluindo também flores e música suave! O ponto frágil do organismo do nativo de Libra são os rins, portanto ele necessita de muito líquido e prefere bebidas leves, como os chás, quentes ou frios.

ASPARGOS
COM MOLHO CREMOSO

INGREDIENTES

MOLHO CREMOSO
3 colheres (sopa) de manteiga
1 colher (chá) de pasta de alho
1/2 cebola ralada
3 colheres (sopa) de farinha de trigo
500ml de leite
1/2 xícara (chá) de vinho branco seco
1 xícara (chá) de creme de leite fresco
200g de queijo holandês prima donna ralado
200g de queijo grana padano ralado
sal e pimenta-do-reino a gosto

ASPARGOS
12 aspargos verdes
2 colheres (sopa) de manteiga
1 colher (chá) de ervas de Provence

MODO DE PREPARO

MOLHO CREMOSO
Em uma panela coloque a manteiga, o alho e a cebola. Refogue, acrescente a farinha de trigo e mexa para que cozinhe. Junte o leite, o vinho, o creme de leite fresco e mexa para que dissolva a farinha por completo. Cozinhe o molho, sem parar de mexer, até engrossar. Retire do fogo, junte os queijos e acerte o sal e a pimenta. Reserve quente.

ASPARGOS
Em uma panela, ferva água e coloque os aspargos por 3 minutos. Retire-os e coloque em água gelada. Reserve. Em uma frigideira aqueça a manteiga com as ervas de Provence e adicione os aspargos, mexendo até que eles estejam envoltos na manteiga. Sirva os aspargos com o molho cremoso.

Rendimento: 4 porções
Tempo de Preparo: 25 minutos

ESCALOPE DE VITELA AO LIMÃO
COM PURÊ DE MANDIOQUINHA

INGREDIENTES

PURÊ DE MANDIOQUINHA
10 mandioquinhas grandes
2 colheres (sopa) de manteiga
1 dente de alho amassado
1/2 xícara (chá) de leite
1/2 xícara (chá) de creme de leite fresco
200g de queijo minas padrão ralado
sal e noz-moscada a gosto

VITELA
1kg de filé mignon de vitela
3 limões sicilianos
1/4 de xícara (chá) de água
2 ramos de tomilho
1 dente de alho picado
pimenta-do-reino a gosto
2 envelopes de caldo de carne em pó
3 colheres (sopa) de manteiga
1 colher (sopa) de açúcar mascavo
3 colheres (sopa) de molho inglês

MODO DE PREPARO

PURÊ DE MANDIOQUINHA
Cozinhe a mandioquinha e amasse ainda quente. Em uma panela coloque a manteiga, o alho, a mandioquinha amassada, o leite, o creme de leite fresco e mexa até engrossar. Desligue o fogo, junte o queijo minas padrão ralado e misture vigorosamente. Tempere com sal e noz-moscada.

VITELA
Em um saco plástico disponha a carne, o suco dos limões, a água, os ramos de tomilho, o dente de alho, pimenta-do-reino e o caldo de carne. Deixe marinar por 1 hora. Em uma frigideira, aqueça a manteiga e frite a vitela, reservando a marinada. Retire a vitela e na mesma frigideira acrescente o açúcar mascavo e deixe derreter levemente. Junte o caldo da marinada e o molho inglês. Deixe reduzir um pouco. Sirva sobre a vitela fatiada e acompanhada do purê.

Rendimento: 6 porções
Tempo de Preparo: 50 minutos

SORVETE DE PISTACHE
COM CALDA DE CHOCOLATE

INGREDIENTES

SORVETE
2 claras
1 e 1/2 xícara (chá) de leite
1 lata de leite condensado
1 lata de creme de leite
1 xícara (chá) de pistache sem casca
corante alimentício verde a gosto
2 gotas de essência de menta (opcional)

CALDA
3 xícaras (chá) de leite
4 e 1/2 xícaras (chá) de creme de leite fresco
6 colheres (sopa) de cacau em pó
15 colheres (sopa) de açúcar

MODO DE PREPARO

SORVETE
Bata as claras em ponto de neve firme. Reserve. No liquidificador, bata por 1 minuto o leite, o leite condensado, o creme de leite, o pistache, o corante e a essência de menta. Acrescente as claras batidas e mexa delicadamente. Coloque em um pote com tampa e leve ao congelador ou freezer por 1 hora e 30 minutos. Retire, coloque na batedeira e bata novamente. Coloque em um pote e leve novamente ao freezer até endurecer (por cerca de 8 horas).

CALDA
Em uma panela, coloque o leite, o creme de leite, o cacau e o açúcar. Leve ao fogo, mexendo de vez em quando, até reduzir e formar uma calda não muito grossa. Deixe esfriar. Sirva o sorvete coberto com a calda.

Rendimento: 10 porções de sorvete
Tempo de Preparo: 10 horas

NA COZINHA

O bom gosto inato do libriano aparece também na cozinha, no cuidado com o preparo e a apresentação dos pratos. Ao cozinhar, ele pode preferir os cremes frescos, mas irá também acrescentar um toque inusitado, como o suco de um limão ou um pouco de vinho branco que acentuará o sabor dos alimentos. Libra prefere alimentos frescos e não gosta muito de congelados ou enlatados, que perdem a aparência colorida e atraente. Os librianos também se deixam influenciar pelos modismos e podem se sentir inclinados pela comida tai, ou japonesa, especialmente por causa de sua apresentação refinada e pelos sabores definidos.

SUGESTÃO DE CARDÁPIO

- Aspargos com molho cremoso
- Figos com presunto de Parma
- Costeletinhas de carneiro com alcachofras
- Escalope de vitela ao limão com purê de mandioquinha
- Panna cotta com frutas vermelhas
- Sorvete de pistache com calda de chocolate
- Crepes flambados au Grand Marnier

À MESA

O convidado libriano precisa de beleza ao seu redor, o que lhe deve ser oferecido na apresentação dos pratos e da mesa. Essa necessidade também será percebida na forma com que o libriano se entrosará com os convidados, procurando manter sempre um ambiente harmonioso. É, portanto, um hóspede muito agradável!

Quanto ao menu, basta lembrar do gosto do libriano por carnes brancas, produtos frescos e ingredientes que dão ao prato aquele toque inusitado. Em geral os nativos de Libra preferem pratos grelhados, por serem mais saudáveis. Exageros de qualquer ordem (sabor, quantidade, ornamentação à mesa) não irão agradar o libriano.

EVITE

Convidar um libriano para um churrasco! As quantidades exageradas de molhos e outros alimentos de certas cantinas italianas também poderão deixá-lo... sem apetite. Alimentos fortes e apimentados ou pratos elaborados sem harmonia de ingredientes farão seu convidado libriano fugir do jantar!

O SIGNO

O Escorpião é o oitavo signo do Zodíaco e pertence ao elemento Água. Governado por Plutão na Astrologia moderna, tem como corregente o planeta Marte. Esse signo simboliza a morte, o sexo e o poder, os mistérios, o ocultismo e também as heranças e legados familiares. No corpo humano, rege todo o aparelho reprodutor e genitourinário.

Os escorpinianos são seres de grandes contrastes em todos os sentidos; com eles não há meio-termo: ou amam ou odeiam! Muito desconfiados, guardam dentro de si os seus sentimentos pessoais, podendo demonstrar frieza e controle. Passionais, roem-se nas entranhas por causa de ciúmes e se envolvem muitas vezes em dramas passionais. Seu julgamento é preciso e sem piedade, mas certeiro. Geralmente possuem um olhar intenso e cativante, que usam muito bem para atrair as coisas que desejam. Como os taurinos (signo oposto ao seu), precisam pisar em solo seguro, e nos assuntos materiais se mostram determinados e persistentes.

PREFERÊNCIAS ALIMENTARES

Em matéria de comida, os escorpianos podem ser pouco ortodoxos. Os alimentos precisam ter algum ingrediente que estimule reações intensas de sua parte. Por essa razão eles preferem alimentos picantes e gostam de acrescentar pimenta aos pratos. Ervas e especiarias são usadas de forma a dar um toque especial, toque esse que eles procurarão descobrir. São fascinados pelas comidas "afrodisíacas"!

Geralmente preferem carnes vermelhas e gostam mais de comida *maturata* do que de alimentos muito frescos. Pela mesma razão, irão preferir alimentos mais elaborados, que se transformem na hora do preparo, pois não deixam nada "ao natural". Como gosta de segredos, procura ingredientes exóticos, molhos ricos em sabores e aromas e receitas elaboradas, enriquecidas de temperos misteriosos. E como para Escorpião não existe meio-termo, nem a comida será insossa.

Basta dizer que a comida é "afrodisíaca" e o seu escorpiniano não irá resistir! Sexo e comida fazem parte de seus prazeres. Se convidá-lo para sentar-se à sua mesa, prepare também a cama, que ele certamente não dispensará!

CHILLI
COM NACHOS

INGREDIENTES

1/2 cebola grande cortada em cubos
3 dentes de alho picados
2 colheres (sopa) de azeite
500g de carne moída
sal a gosto
3 colheres (sopa) de coentro picado
1 colher (sopa) de salsa picada
1/2 pimentão verde cortado em cubos
pimenta-malagueta a gosto
1 lata de tomate pelado
2 xícaras (chá) de feijão cozido, temperado
   e amassado
queijo cheddar para polvilhar
nachos de milho para servir

MODO DE PREPARO

Refogue a cebola e o alho no azeite. Adicione a carne e tempere com sal, coentro e salsa. Cozinhe até a carne perder a cor rosada, acrescente o pimentão e pimenta-malagueta. Junte o tomate pelado picado e o feijão. Misture e deixe ferver para engrossar um pouco. Ajuste o sal. Sirva com queijo cheddar por cima e nachos.

Rendimento: 5 porções
Tempo de Preparo: 35 minutos

BISTECA AO VINHO TINTO
E ALHO COM RISOTO DE PÁPRICA

INGREDIENTES

BISTECA AO VINHO TINTO
3 colheres (sopa) de azeite
5 dentes de alho
6 bistecas suínas
sal e pimenta-do-reino a gosto
2 xícaras (chá) de vinho tinto seco
2 xícaras (chá) de água

RISOTO
8 xícaras (chá) de água
2 envelopes de caldo de legumes em pó
6 colheres (sopa) de manteiga
1/2 cebola picada
2 xícaras (chá) de arroz arbóreo
1/2 xícara (chá) de vinho branco seco
2 colheres (chá) de páprica picante
1/2 xícara (chá) de queijo parmesão ralado
sal a gosto

MODO DE PREPARO

BISTECA AO VINHO TINTO
Em uma panela de pressão, coloque o azeite e refogue o alho. Junte as bistecas temperadas com sal e pimenta e deixe dourar. Coloque o vinho, a água, feche a panela e cozinhe por 30 minutos, contados após o início da pressão. Retire as bistecas da panela, deixando o caldo e reduza até que forme um molho mais encorpado.

RISOTO
Aqueça a água e dissolva o caldo de legumes. Reserve quente. Coloque duas colheres (sopa) de manteiga em uma panela e refogue a cebola. Junte o arroz e frite-o rapidamente. Adicione o vinho, deixe evaporar e acrescente a páprica. Vá juntando o caldo, aos poucos, mexendo sempre, até que o arroz esteja cozido. Desligue o fogo e adicione o queijo parmesão ralado, a manteiga restante e sal, se necessário. Sirva o risoto e as bistecas regadas com o molho de vinho.

Rendimento: 6 porções
Tempo de Preparo: 50 minutos

TRUFAS DE CHOCOLATE
COM GENGIBRE

INGREDIENTES

400g de chocolate ao leite picado
1/2 caixinha de creme de leite (100g)
2 colheres (sopa) de gengibre em pó
2 xícaras (chá) de cacau em pó

MODO DE PREPARO

Derreta o chocolate ao leite em banho-maria, junte o creme de leite e o gengibre em pó. Leve à geladeira por 3 horas. Retire da geladeira, faça bolinhas e retorne ao refrigerador por 5 minutos. Coloque o cacau em um prato e passe as bolinhas, girando-as no prato para que as trufas sejam envolvidas totalmente. Mantenha em temperatura ambiente.

Rendimento: 10 porções
Tempo de Preparo: 3 horas e 30 minutos

DICAS

Temperos marcantes, exóticos e picantes podem prejudicar o sistema excretor, ponto frágil no organismo do escorpiniano. Para não ter problemas intestinais, ele precisa, portanto, comer muita fruta e muitas fibras. Para auxiliar em sua dieta, acrescente ao menu frutas secas, ricas em óleos naturais.

NA COZINHA

Quando está na cozinha, o escorpiniano pode ter muitos utensílios herdados da família, coisas que possuem uma história que só ele conhece e sobre as quais fará um certo mistério. Ele é um sentimental, apesar de não gostar de demonstrar essa fraqueza! Irá deixar a carne na vinha d'alho ou no vinho, para que pegue aquele gosto especial, tão estimulante para o seu paladar.

SUGESTÃO DE CARDÁPIO

- Vinhos tintos como malbec ou barolo

- Arroz amarelo com pimentas ou arroz com páprica picante

- Carnes vermelhas como Bistecca ubriaca (bisteca ao vinho tinto e alho com risoto de páprica)

- Caça como lebre em salmì ou com ervas

- Comidas orientais e exóticas, indianas, ou mexicanas (Chilli com nachos)

- Trufas, gengibre, aipo e outras raízes (Trufas de chocolate com gengibre)

- Legumes, como beterraba, cenoura, aipo e abóbora

À MESA

O signo de Escorpião se amarra em sexo, e, portanto, seu convidado achará natural que este aconteça após o jantar. Por isso, se esta não for a razão de seu convite, procure deixar claro de antemão, para que não haja equívocos. Os estímulos iniciados na boca anunciam outros prazeres, bem mais intensos!

EVITE
Como os escorpinianos costumam se entregar aos prazeres com intensidade, fazem o mesmo com os alimentos, e portanto privilegiam a comida exótica com ingredientes que estimulem a descoberta. Evite convidar um escorpiniano para jantar se você não deseja um after!

O SIGNO

O signo de Sagitário corresponde à Nona Casa do Zodíaco. É um signo do elemento Fogo, governado pelo planeta Júpiter, o maior planeta de nosso sistema solar, também chamado de Grande Benéfico. O Fogo indica sua criatividade e o espírito de iniciativa. A figura que representa um arqueiro, meio cavalo e meio homem, descreve muito bem a personalidade sagitariana!

O sagitariano é expansivo, alegre, otimista e generoso, e também bastante espaçoso. Adora viajar e aprecia a vida saudável, ao ar livre – gosta de movimento, seja na dança, seja nas atividades esportivas que ele pratica com prazer. Pode privilegiar esportes coletivos como o futebol e também apreciar os cavalos e os esportes radicais. Sua curiosidade natural o impulsiona a viajar para conhecer culturas e povos diferentes. Possui uma atração natural pelas religiões e pelas filosofias e tem um inato senso de justiça. Sagitarianos são, em geral, excelentes diplomatas, advogados e juristas. Costumam se expressar com franqueza e são considerados os "explicadores" do Zodíaco!

PREFERÊNCIAS ALIMENTARES

Em matéria de comida, como é de sua natureza, o sagitariano "pensa grande"! Com ele não existe tempo fechado. É um comilão nas quantidades, quase tanto quanto o taurino. Como ele, também não resiste a um bom doce! Naturalmente de estrutura grande, com o tempo ele terá tendência a engordar e a ter problemas de fígado. Adora comida indiana, chinesa, tai, paquistanesa, pois através do paladar se lembrará da sua mais recente viagem. É dessa forma que ele aprecia os pratos: como se estivesse fazendo uma verdadeira viagem à descoberta de países exóticos!

Outra comida de sua preferência são as linguiças e outros embutidos que devem ser servidos com parcimônia para não prejudicar seu fígado. O sagitariano aprecia muito comer ao ar livre, e um bom churrasco irá sem dúvida atraí-lo bastante. Consequentemente, em sua mesa não faltará uma boa cerveja ou um bom vinho (tinto) para acompanhar.

CESTINHAS TAILANDESAS
VEGETARIANAS

INGREDIENTES

150g de massa para pastel
óleo para fritar
4 colheres (sopa) de óleo de gergelim torrado
1 cebola pequena picada
2 dentes de alho picados
1 colher (sopa) de gengibre ralado
1 colher (sopa) de curry
2 colheres (sopa) de mel
1 colher (sopa) de açúcar mascavo
3/4 de xícara (chá) de café
1/4 de xícara (chá) de shoyu
1 colher (chá) de pimenta dedo-de-moça
    picada sem sementes
2 xícaras (chá) de proteína texturizada de soja
    granulada, hidratada e espremida
sal a gosto
folhas de coentro para decorar

MODO DE PREPARO

Corte a massa de pastel com a borda da forminha de alumínio de empada grande. Coloque a massa dentro da forminha e encaixe outra forminha por cima da massa, para segurá-la no lugar e formar as cestinhas. Frite no óleo quente, em imersão, até dourar. Escorra em papel-toalha e reserve. Aqueça, em uma panela, o óleo de gergelim e refogue a cebola, o alho e o gengibre. Acrescente o curry, o mel, o açúcar mascavo, o café, o shoyu, a pimenta dedo-de-moça, a proteína texturizada de soja e mexa até o líquido secar. Ajuste o sal e recheie as cestinhas. Decore com folhas de coentro. Sirva a seguir.

Rendimento: 20 porções
Tempo de Preparo: 40 minutos

CUSCUZ MARROQUINO
COM CORDEIRO E VEGETAIS

INGREDIENTES

CORDEIRO

1 pernil de cordeiro de 1,5kg
sal e pimenta-do-reino a gosto
1/2 xícara (chá) de azeite
1 colher (sopa) de gengibre em pó
1 pau de canela
1 colher (sopa) de páprica doce ou picante
6 dentes de alho espremidos
1 folha de louro
1 xícara (chá) de vinho branco seco
2 cebolas grandes fatiadas

CUSCUZ

2 xícaras (chá) de cuscuz marroquino
2 xícaras (chá) de água quente
3 colheres (sopa) de azeite
1 colher (chá) de cúrcuma
sal a gosto
4 colheres (sopa) de manteiga
2 cenouras pequenas cortadas em rodelas e cozidas
1 batata-doce cortada em cubos, sem a casca e cozida
1 abobrinha cortada em cubos e cozida
1 lata de grão-de-bico cozido
1/2 xícara (chá) de uvas-passas claras sem caroço

MODO DE PREPARO

CORDEIRO

Tempere o cordeiro com sal, pimenta, azeite, as especiarias, o alho, o louro e o vinho. Coloque as cebolas em uma assadeira e arrume o cordeiro por cima junto com os temperos. Cubra com papel-alumínio e leve ao forno preaquecido em temperatura média por 1 hora. Retire o papel-alumínio e deixe dourar. Corte o pernil e coloque-o em um refratário. Reserve.

CUSCUZ

Coloque o cuscuz em uma vasilha grande. À parte, misture a água quente com o azeite, a cúrcuma e sal. Despeje sobre o cuscuz e mexa, de vez em quando, para separar os grumos. Em uma panela, aqueça a manteiga e refogue rapidamente todos os legumes, o grão-de-bico e as uvas-passas. Tempere com sal e reserve. Quando o cuscuz tiver absorvido toda a água, misture o refogado de legumes e ajeite-o ao redor do cordeiro que está no refratário. Sirva a seguir.

Rendimento: 6 porções
Tempo de Preparo: 1 hora e 40 minutos

SORVETE E BANANAS
FLAMBADAS COM UÍSQUE

INGREDIENTES

1 colher (sopa) de manteiga
2 bananas-nanicas não muito maduras
1/2 xícara (chá) de uísque
4 colheres (sopa) de açúcar
4 colheres (sopa) de castanha-de-caju
torrada e picada
4 bolas de sorvete de sua preferência

MODO DE PREPARO

Em uma frigideira, derreta a manteiga e frite as bananas cortadas ao meio no sentido do comprimento, deixando dourar dos dois lados. Despeje o uísque e flambe as bananas. Quando o fogo apagar, espalhe o açúcar sobre as bananas e deixe o açúcar derreter um pouco. Desligue, coloque em pratos, polvilhe a castanha-de-caju e sirva com o sorvete.

Rendimento: 4 porções
Tempo de Preparo: 20 minutos

DICAS

O sagitariano é um ser pouco flexível, por essa razão não o contrarie nem demonstre que não aprecia a mistura que irá colocar no prato! Ele gosta muito de aperitivos, drinques, coqueteis com ou sem álcool, e pode ser um colecionador de bebidas, sejam vinhos ou cervejas.

NA COZINHA

O sagitariano faz uma tal bagunça na cozinha, que é melhor você não entrar lá se for o convidado! Ele usa todos os ingredientes em grande quantidade e pode fazer um verdadeiro *pasticcio*, que pode comprometer o resultado final. Ele acha importante explicar de que forma elaborou aquele prato fantástico, tão original e diferente que aprendeu em sua última viagem. De qualquer maneira, o sagitariano é um excelente anfitrião e seus hóspedes ficarão encantados com os sabores e os aromas de seus pratos, mesmo que ele não preste tanta atenção ao lado estético da apresentação.

SUGESTÃO DE CARDÁPIO

- Penne al sugo com *polpettine* de carne
- Carneiro assado no forno com batatas coradas
- Cuscuz marroquino com cordeiro e vegetais
- Sorvete e bananas flambadas com uísque
- Abacaxi com calda de frutas vermelhas

À MESA

O importante para o sagitariano é a fartura: nada o deixa mais irritado que um prato da *nouvelle cuisine*! Ele come com gosto, com prazer e... sem culpa! Ao escolher um restaurante irá preferir os marroquinos, orientais, indianos, que, mesmo sem ter notoriedade, apresentam pratos exóticos, diferentes e que o deixem acrescentar seu toque particular.

EVITE

O sagitariano deve evitar embutidos, como presuntos e linguiças, e ficar longe dos doces: sua tendência a engordar é enorme.

O SIGNO

O signo de Capricórnio ocupa a 10ª Casa do Zodíaco. Inicia em 22 de dezembro e termina em 20 de janeiro. É um signo que pertence ao elemento Terra e é governado pelo planeta Saturno. Chamado também de Senhor do Carma, esse planeta é considerado maléfico em Astrologia, pois limita e cerceia nossos desejos e aspirações impondo obstáculos de todo tipo. Capricórnio significa a carreira, a profissão e a possibilidade de sucesso.

O capricorniano é um ser muito responsável e um incansável trabalhador. Aparentemente calmo e controlado, não demonstra sua sensibilidade escondendo-a sob uma aparente frieza de caráter. É um "conquistador de metas", sempre procurando melhorar de vida, alcançando o sucesso e o status social. Ele tem princípios, ideais, metas e objetivos, e possui uma tenacidade incrível para superar obstáculos e batalhar pelo que deseja. Com paciência e persistência, vai lutar para alcançar suas metas, que conseguirá certamente, custe o que custar. O capricorniano é um "provedor" e cuida de seu bem-estar e de sua família, sendo considerado o arquétipo do "grande pai". Capricórnio tem dificuldade em demonstrar afeto, pois não sabe lidar com as emoções. Do mesmo modo pode ter dificuldade em elogiar um prato, mas certamente não deixará sobrar nada, pois detesta desperdícios!

PREFERÊNCIAS ALIMENTARES

Em matéria de comida, o capricorniano tem gostos básicos, essenciais, e para ele a boa mesa faz parte de um ritual. Mas pode ter gostos peculiares por conservas em vinagre (como picles), alcachofras, chucrute, trufas, e até por batatas. Prefere alimentos de sabores definidos e privilegia as tradições na culinária, não se deixando atrair por pratos arrojados ou inovadores.

Gosta de legumes como rabanete, batata, beterraba. Aprecia espinafre, frutas secas e cítricas. Como sobremesa, adora um bom sorvete.

DICAS

O capricorniano é magro por natureza, mas precisa manter uma dieta rica em proteínas animais para conservar a vitalidade da pele, que é regida por Saturno. E para manter a vitalidade, pode abusar da carne vermelha combinada com arroz e outros cereais integrais. Porém, ele precisa passar longe dos embutidos e deve evitar bebidas com gás durante as refeições.

VICHYSSOISE

INGREDIENTES

2 colheres (sopa) de manteiga
1/2 cebola picada
3 alhos-poró picados (apenas a parte branca)
1 talo pequeno de salsão picado
2 batatas médias cortadas em cubos
1,5 litro de água
2 envelopes de caldo de galinha em pó
1 xícara (chá) de creme de leite fresco
sal e pimenta-do-reino a gosto
1 colher (sopa) de cebolinha fresca picada

MODO DE PREPARO

Em uma panela grande, derreta a manteiga e adicione a cebola, o alho-poró e o salsão. Tampe e cozinhe, em fogo baixo, por 10 minutos, mexendo de vez em quando. É importante não deixar tomar cor, pois isso afetará a aparência final da sopa. Adicione a batata, a água e o caldo de galinha. Deixe levantar fervura, reduza o fogo e cozinhe até as batatas ficarem bem macias. Passe a sopa para um liquidificador e bata. Transfira para uma tigela e acrescente o creme de leite. Prove o sal e adicione pimenta-do-reino. Com o auxílio de um batedor de arame, incorpore tudo muito bem. Cubra com filme plástico e deixe descansar até esfriar. Coloque na geladeira e deixe por, no mínimo, duas horas. Sirva em pratos gelados, guarnecida com a cebolinha picada.

Rendimento: 4 porções
Tempo de Preparo: 2 horas e 40 minutos

FRANGO
COM ARROZ INTEGRAL E COGUMELOS

INGREDIENTES

FRANGO
2 dentes de alho picados
1/2 xícara (chá) de vinho branco seco
1 colher (sopa) de ervas finas
sal e pimenta-do-reino a gosto
4 coxas de frango
3 colheres (sopa) de manteiga

ARROZ INTEGRAL
1 colher (sopa) de azeite
2 xícaras (chá) de cogumelos-de-paris fatiados
2 dentes de alho picados
1/2 cebola picada
2 xícaras (chá) de arroz integral
6 xícaras (chá) de água
sal a gosto
3 colheres (sopa) de salsa picada

MODO DE PREPARO

FRANGO
Em um saco de plástico coloque o alho, o vinho, as ervas finas, sal e pimenta. Acrescente o frango e deixe marinar por 30 minutos. Coloque as coxas e a marinada em uma assadeira, disponha pedaços de manteiga sobre as coxas e leve ao forno alto por 1 hora, ou até que a carne esteja macia.

ARROZ INTEGRAL
Em uma panela, coloque o azeite, junte os cogumelos, envolva-os no azeite e retire, reservando-os para acrescentar ao final do cozimento. Na mesma panela, adicione o alho, a cebola, o arroz integral, refogue e acrescente a água. Deixe cozinhar com a panela semitampada. Junte os cogumelos reservados quando o arroz já estiver quase pronto. Desligue e polvilhe a salsa. Sirva o frango acompanhado do arroz.

Rendimento: 4 porções
Tempo de Preparo: 1 hora e 40 minutos

TORTA DE NOZES
E AMEIXAS

INGREDIENTES

MASSA
1 e 1/4 de xícara (chá) de amido de milho
1 e 1/3 de xícara (chá) de farinha de trigo
2 colheres (sopa) de açúcar
6 gemas
3/4 de tablete de manteiga sem sal (150g)

RECHEIO
2 latas de creme de leite sem soro
600g de doce de leite
1 xícara (chá) de nozes picadas
1 xícara (chá) de ameixa seca

COBERTURA
2 xícaras (chá) de chantili pronto
ameixas e nozes para decorar

MODO DE PREPARO

MASSA
Em um recipiente junte o amido de milho, a farinha de trigo, o açúcar, as gemas, a manteiga e misture até formar uma massa macia. Embale em filme plástico e coloque 15 minutos na geladeira. Forre, com a massa, uma fôrma de aro removível para tortas e leve ao forno preaquecido em temperatura média por 20 minutos. Deixe esfriar.

RECHEIO
Na batedeira junte o creme de leite sem soro, o doce de leite e bata até formar um creme homogêneo. Agregue as nozes e as ameixas (já passadas pela água quente) picadas. Leve à geladeira por 30 minutos.

MONTAGEM
Coloque o recheio sobre a torta e decore com chantili, ameixas e nozes. Volte à geladeira. Desenforme no momento de servir.

Rendimento: 8 porções
Tempo de Preparo: 1 hora e 50 minutos

NA COZINHA

Como Saturno é o deus do Tempo, o capricorniano tem muita consciência do tempo necessário para preparar um bom alimento. Por isso, na cozinha, ele poderá elaborar pratos que requerem preparo mais longo – e o fará com muita paciência, pois sabe esperar pelo resultado. Geralmente se importa com a relação preço/qualidade dos alimentos, mas pode gastar fortunas com um ingrediente que lhe oferecer a sensação do "poder" e do status que ele tanto almeja.

Saturno tem uma qualidade "restritiva". Assim, para o capricorniano menos é mais. Qualidade é melhor que quantidade! Como os outros signos de Terra, em geral o capricorniano gosta de conhecer o valor nutritivo dos alimentos e tem noção do custo/benefício quando elabora seus menus.

SUGESTÃO DE CARDÁPIO

- Vichyssoise
- Risoto com trufas
- Risoto com radicchio
- Frango com arroz integral e cogumelos
- Torta de nozes e ameixas

À MESA

O capricorniano será certamente um ótimo convidado e irá apreciar um convite tradicional, especialmente se os pratos apresentados são as receitas "da família". Quando convidá-lo, prepare tudo com cuidado e sem excessos, dentro do maior estilo da tradição, seja ela qual for. Saturno é um planeta frio e seco, por isso Capricórnio gosta de alimentos frios e duros e aprecia tudo o que vem da terra (como as raízes e os tubérculos), e o pão preto com mistura de grãos. Não escolha alimentos que deixem sobras no prato, com excesso de molho e temperos. Lembre-se: com ele, o menos é mais.

EVITE

O capricorniano é magro por natureza e portanto come sem engordar, porém precisa manter uma dieta rica em proteínas animais para conservar a vitalidade da pele que, em Astrologia, se relaciona ao planeta Saturno. Para manter a vitalidade, pode abusar da carne vermelha, combinada com arroz e outros cereais integrais, mas deve evitar o excesso de molhos e os alimentos apimentados.

O SIGNO

O signo de Aquário é o décimo primeiro do Zodíaco. Inicia em 20 de janeiro e termina em 18 de fevereiro. Signo do elemento Ar, era governado pelo planeta Saturno e tem como atual regente o planeta Urano. É considerado o signo do futuro, daí sua analogia com a Era de Aquário.

Não podemos falar que aquarianos sejam fáceis ou monótonos! Em geral são pessoas com espírito avançado e com a cabeça sempre voltada para o futuro. São intelectuais, informados e cultos, e podem se destacar pela forma anticonvencional de agir. Possuem sentimentos humanitários e apreciam a liberdade, a fraternidade e a igualdade, como no lema da Revolução Francesa. São encontrados em movimentos humanitários, em agrupamentos cívicos, em sindicatos e outras entidades que desenvolvem a cidadania, defendem os direitos humanos e lutam pela liberdade de expressão. Porém, existem aquarianos tradicionais e saturninos e outros rebeldes e reformadores, mas certamente todos eles se destacam pelo tom diferente que possuem! Costuma-se dizer que um aquariano típico adora as leis… somente para poder mudá-las! E se todos vão numa direção, ele irá na direção oposta, talvez apenas para ser notado e para ser "diferente".

PREFERÊNCIAS ALIMENTARES

Como pertence ao signo "do futuro", o aquariano demonstrará seus gostos inovadores e diferentes mesmo em matéria de comida. Adora experimentar novas receitas, especialmente se elas forem inovadoras ou recém-lançadas. Apesar de não ser atraído pelos alimentos dietéticos como o virginiano, o aquariano não suporta alimentos muito cremosos e espessos, com muito molho, ou receitas que lhe dão uma sensação de peso no estômago. Gosta de saladas, especialmente se elaboradas com muitas variedades de folhas, onde acrescentará misturas insólitas. Comida que alimenta, mas que não precisa de muito tempo para ser elaborada.

O aquariano é fã de misturas com gostos contrastantes, e o sabor agridoce o fascina. Gosta muito de berinjela e de pepino e privilegia as carnes brancas e os peixes.

DICAS

Se combinarmos as ideias de purificação ligadas ao símbolo do aguadeiro com a própria palavra "água" compreenderemos essa natureza coesa, amigável, humanitária e progressista do aquariano e poderemos entender por que o desequilíbrio alimentar pode causar uma "perda de sal" no seu organismo. O aquariano deve investir em gengibre, alfafa, aspargo, quiabo, rabanete. Páprica e orégano são os temperos preferidos e úteis, pois são ricos em vitaminas A, B, cálcio, magnésio e enxofre, carências principais desses nativos.

SALADA CAESAR

INGREDIENTES

MOLHO
1 xícara (chá) de maionese
1 ovo cozido
1 xícara (chá) de queijo parmesão ralado
2 colheres (sopa) de água
2 colheres (sopa) de azeite
1 e 1/2 colher (sopa) de suco de limão
1 colher (sopa) de anchova em conserva
2 dentes de alho amassados
2 colheres (chá) de açúcar
pimenta-do-reino e sal a gosto

SALADA
400g de filés de frango temperados
1 pé de alface-americana
1 pé de alface-crespa
1 e 1/2 xícara (chá) de croûtons

MODO DE PREPARO

MOLHO
No liquidificador, coloque a maionese, o ovo, o parmesão, a água, o azeite, o suco de limão, a anchova, o alho, o açúcar, pimenta e sal. Bata até formar um molho homogêneo. Passe para uma tigela. Reserve.

SALADA
Grelhe os filés de frango e corte em tiras. Deixe esfriar. Em uma saladeira, junte as alfaces fatiadas, espalhe as tiras de frango e os croûtons. Sirva a salada com o molho.

Rendimento: 6 porções
Tempo de Preparo: 30 minutos

RISOTO DE FRANGO
COM MORANGOS

INGREDIENTES

2 envelopes de caldo de galinha em pó
4 colheres (sopa) de azeite
4 colheres (sopa) de cebola picada
250g de peito de frango cortado em cubos
   pequenos
sal a gosto
1 e 1/2 xícara (chá) de arroz arbóreo
2/3 de xícara (chá) de vinho branco seco
1 colher (sopa) de salsa picada
2 colheres (sopa) de queijo parmesão ralado
2 colheres (sopa) de manteiga gelada
1 xícara (chá) de morangos picados

MODO DE PREPARO

Misture o caldo de galinha em sete xícaras (chá) de água e aqueça. Em uma panela, coloque o azeite, a cebola e frite rapidamente. Junte o frango e frite até dourar. Tempere com sal. Acrescente o arroz e o vinho. Quando o vinho secar, vá adicionando o caldo de galinha quente, aos poucos, mexendo sempre. Quando o arroz estiver macio e com um pouco de líquido, acrescente a salsa e o queijo parmesão. Misture até o queijo derreter. Desligue, junte a manteiga e os morangos, mexendo delicadamente, para não desmanchá-los. Sirva a seguir.

Rendimento: 4 porções
Tempo de Preparo: 40 minutos

TORTINHAS DE LIMÃO

INGREDIENTES

MASSA
1 e 1/4 de xícara (chá) de amido de milho
1 e 1/3 de xícara (chá) farinha de trigo
2 colheres (sopa) de açúcar
6 gemas
3/4 de tablete de manteiga sem sal

RECHEIO
2 latas de leite condensado
1 xícara (chá) de suco de limão
2 latas de creme de leite sem soro

COBERTURA
2 claras
1/2 xícara (chá) de açúcar
1/2 xícara (chá) de água

MODO DE PREPARO

MASSA
Em uma tigela, misture o amido de milho, a farinha de trigo, o açúcar, as gemas e a manteiga até formar uma massa lisa e homogênea. Forre o fundo e as laterais de uma fôrma de aro removível baixa para tortas e leve ao forno preaquecido em temperatura média por 20 minutos. Deixe esfriar.

RECHEIO
Em uma tigela, misture o leite condensado com o suco de limão e adicione o creme de leite sem soro. Despeje esse recheio sobre a massa já fria e leve à geladeira por 4 horas.

COBERTURA
Bata as claras em neve e reserve. Em uma panela, coloque o açúcar e a água e leve ao fogo até formar uma calda fina. Ligue a batedeira novamente com as claras em neve e vá adicionando a calda em fio. Deixe bater até que o merengue esfrie. Espalhe o merengue sobre a torta de limão e leve ao forno, com a função grill ligada para dourar a superfície. Se preferir, pode usar um maçarico para dourar a superfície. Conserve na geladeira até a hora de servir.

Rendimento: 8 porções
Tempo de Preparo: 5 horas

NA COZINHA

Sua cozinha pode parecer um laboratório futurista, cheia de aço inox e impecável em seu conceito prático e clean. O aquariano gosta de design e terá sempre algum objeto arrojado e de vanguarda em sua cozinha. Não gosta de perder tempo no preparo dos alimentos, mas é bastante criativo para oferecer rapidamente aos seus convidados um prato original e bem elaborado com aquilo que tem na geladeira. Em matéria de comida ele combina muito bem com os nativos do signo de Gêmeos, que, como ele, são rápidos e criativos.

SUGESTÃO DE CARDÁPIO

- *Bavaroise* de erva-doce
- Salada Caesar
- Risoto de frango com morangos
- Escalope ao limão com sálvia e purê de batatas
- *Involtini* (enrolados) de peito de frango recheados com espinafre e arroz branco
- Tortinhas de limão

À MESA

Quando você convida um aquariano é melhor ter um cardápio original em mente. De qualquer maneira, o seu convidado irá dar palpites na elaboração do seu prato, pois ele "sempre sabe" tudo melhor! O gosto excêntrico pode acabar deturpando as receitas mais tradicionais e o resultado nem sempre será agradável ao paladar. O melhor seria que cada um preparasse um prato, bem ao seu gosto, usando toda a sua criatividade e originalidade, assim essa competição acabaria.

O aquariano, no entanto, adora o sabor do limão e irá facilmente misturar o abacate ou o kiwi às suas saladas, e não terá dificuldade em misturar o gosto doce ao salgado. A famosa mostarda de Modena também é muito apreciada por ele. Gosta de doces como pudim de claras ou panna cotta e sorvete com muito chantili. As "espumas" tipo musse são suas preferidas. Já sua bebida preferida é, sem dúvida, o champanhe, mas você o agradará também com um bom prosecco, ou um Pinot Grigio.

EVITE

Esqueça as dietas drásticas somente para manter o peso e procure manter uma dieta saudável. Quando está mergulhado em algum novo projeto, pode até esquecer de comer! Evite fast-food — mesmo se você tem pressa —, pois pode provocar problemas em seu metabolismo. Evite aditivos químicos, pimentas e bebidas gasosas, para não ter azia e gases.

O SIGNO

Último signo que o Sol percorre em seu curso anual, Peixes inicia em 18 de fevereiro e termina em 20 de março. É um signo que pertence ao elemento Água, governado pelo planeta Netuno e tem como antigo regente o planeta Júpiter.

Dizem que este signo, que corresponde à décima segunda Casa do Zodíaco, encerra dentro de si um pouco de todos os outros signos. Por essa razão os piscianos são dificilmente definíveis e tão influenciáveis. Alguns são gênios, outros bandidos, alguns são santos, outros viciados. Considerados os "sofredores" do Zodíaco, eles se identificam com as outras pessoas de tal forma que estão sempre prontos a ajudar e aliviar o sofrimento humano. Parecem carregar a culpa pelos males do mundo. Sonhadores e instáveis, sensíveis e mutáveis, não raramente os piscianos se refugiam em seus sonhos para não precisar fazer parte deste mundo materialista, tão difícil e tão duro. Fundindo-se com os outros em suas alegrias e tristezas, não suportam ver ninguém sofrer sem oferecer sua ajuda. Seu idealismo e inspiração fazem deles pessoas devotadas e inspiradas, criativas e originais, produzindo verdadeiros gênios: escritores, poetas, artistas, músicos, cineastas, atores e fotógrafos. Adoram receber, comer e beber em companhia, mas em muitos casos eles exageram nas doses.

Vocês já ouviram falar que o peixe morre pela boca? Já tiveram um aquário? Então sabem que esse ditado se adapta bem ao nativo de Peixes! Os piscianos adoram comer em boa companhia, e, quando estão distraídos, comem literalmente qualquer coisa.

PREFERÊNCIAS ALIMENTARES

O perigo, com os piscianos, está nos excessos. Seja nas porções ou nas variedades. No entanto seus gostos são, ao mesmo tempo, delicados e sutis, e suas preferências para os peixes e os frutos do mar são naturais. O pisciano prefere as carnes brancas, apresentadas de forma variada, embrulhadas al cartoccio ou em gelatinas, transparentes e atraentes.

Um de seus pratos favoritos é seguramente a sopa, o caldo, especialmente a caldeirada ou a *bouillabaisse*, com sua variedade de sabores do mar e especiarias. Nada de sabores fortes, mas sabores profundos, que revelam pouco a pouco a ideia do exótico e de outros países. São apropriados para o pisciano alimentos ricos em vitamina C, como vegetais verde-escuros, mamão, uva-passa e ameixa seca.

SALADA DE LULA

INGREDIENTES

400g de lulas em anéis
1 cebola picada
2 tomates sem sementes picados
1/2 xícara (chá) de salsa picada
suco de 1 limão
4 colheres (sopa) de azeite
sal e pimenta-do-reino a gosto
folhas verdes variadas

MODO DE PREPARO

Coloque os anéis de lula em água fervente e deixe cozinhar por 4 minutos. Escorra e deixe esfriar. Em uma tigela, misture a cebola, os tomates e a salsa. Acrescente o suco de limão, o azeite, sal e pimenta-do-reino. Junte os anéis de lula cozidos e mexa bem. Cubra com filme plástico e leve à geladeira por 30 minutos. Em uma saladeira, disponha as folhas verdes e o vinagrete com os anéis de lula. Sirva a seguir.

Rendimento: 4 porções
Tempo de Preparo: 50 minutos

DICAS

O pisciano não aprecia muito as carnes vermelhas e pode vir a ter anemia por causa disso. Alguns nativos chegam a sofrer de depressão somente por carecerem de uma alimentação equilibrada. Por essa razão precisam ingerir alimentos ricos em ferro, como o espinafre e o feijão.

ARROZ ENFORMADO
DE FRUTOS DO MAR

INGREDIENTES

6 colheres (sopa) de manteiga
1 colher (sopa) de óleo
2 cebolas picadas
2 e 1/2 xícaras (chá) de arroz
1 xícara (chá) de polpa de tomate
5 xícaras (chá) de água quente
2 envelopes de caldo de galinha em pó
1 xícara (chá) de vôngoles
1 xícara (chá) de camarões pequenos limpos
1 xícara (chá) de queijo parmesão ralado
1 xícara (chá) de mexilhões sem casca
sal a gosto

MODO DE PREPARO

Em uma frigideira, aqueça três colheres (sopa) de manteiga com o óleo e refogue metade da cebola. Adicione o arroz, refogue por alguns minutos e adicione a polpa de tomate. Junte a água, o caldo de galinha e cozinhe até ficar quase seco. Junte a metade dos vôngoles e dos camarões e termine o cozimento do arroz. Retire do fogo, junte o queijo e misture bem. Coloque o arroz em uma fôrma redonda de furo central, untada com óleo, e aperte com as costas de uma colher. Enquanto isso, aqueça o restante da manteiga em uma frigideira e refogue a cebola restante. Junte o restante dos vôngoles, dos camarões e os mexilhões e cozinhe por 3 minutos. Tempere com sal. Desenforme o arroz e sirva com os frutos do mar refogados.

Rendimento: 6 porções
Tempo de Preparo: 50 minutos

MUSSE DE MORANGO
COM CALDA DE CHOCOLATE

INGREDIENTES

MUSSE
2 caixas de morangos
1 lata de leite condensado
1 lata de creme de leite
2 envelopes de gelatina incolor sem sabor
2 claras em neve

CALDA
1/2 xícara (chá) de creme de leite fresco
1 tablete de chocolate ao leite (180g)

MODO DE PREPARO

MUSSE
Bata no liquidificador os morangos, o leite condensado e o creme de leite. Hidrate a gelatina em oito colheres (sopa) de água e leve ao micro-ondas por 25 segundos para dissolver. Despeje no liquidificador e bata novamente. Passe o creme do liquidificador para uma tigela e incorpore as claras em neve. Coloque a musse em taças e leve à geladeira por 3 horas.

CALDA
Aqueça o creme de leite em banho-maria e misture o chocolate picado, mexendo até derreter completamente. Deixe esfriar e, na hora de servir, coloque sobre a musse.

Rendimento: 8 porções
Tempo de Preparo: 3 horas e 20 minutos

NA COZINHA

No geral, o pisciano tem "sua própria ordem", que pode parecer, à primeira vista, uma grande confusão. No entanto, ele sabe exatamente onde fica cada coisa. Como é um ser intuitivo, quando cozinha pode seguir a intuição para acrescentar um toque especial aos seus pratos. Na arte de cozinhar, usa muita imaginação e faz de tudo para agradar seus convidados, buscando adivinhar os respectivos gostos. O pisciano pode misturar facilmente os ingredientes, mas sem muito método. Ama o fígado, os rins de vitela e outros alimentos "estranhos", que nem todos apreciam. Como o aquariano, ele gosta de pratos leves e "com ar", ou melhor, "como nuvens". Assim, as sobremesas tipo musse estão entre suas favoritas.

SUGESTÃO DE CARDÁPIO

- Anchovas no limão
- Salada de lula
- Fetuccine com atum
- Arroz enformado de frutos do mar
- Filé de vitela com laranja
- Torta de amêndoas
- Musse de morango com calda de chocolate

À MESA

É sempre uma alegria convidar um pisciano para compartilhar um jantar. Ele irá a qualquer restaurante somente para ficar com as pessoas que ama! Um jantar romântico, à luz de velas, o conquistará para sempre.

EVITE
Líquidos durante as refeições. O pisciano adora uma bebida alcoólica, mas deve tomar cuidado com os excessos. Evitar as frutas aquosas, como pera, maçã e melão, alimentos apimentados e bebidas com gás, que podem aumentar os gases no intestino.

CIP-BRASIL. CATALOGAÇÃO NA PUBLICAÇÃO
SINDICATO NACIONAL DOS EDITORES DE LIVROS, RJ

M322s
Marraccini, Graziella Somaschini
Os signos na cozinha / Graziella Somaschini Marraccini. - 1. ed. - São Paulo :
Companhia Editora Nacional : Boccato, 2016.
152 p. : il. ; 21 cm.

ISBN 978-85-04-02032-8

1. Gastronomia. 2. Culinária - Receitas. I. Título.
16-34782   CDD: 641.5
                                          CDU: 641.5

19/07/2016 21/07/2016

Companhia Editora Nacional
Rua Funchal, 263 - bloco 2 – Vila Olímpia
São Paulo – SP – 04551-060 – Brasil – Tel.: (11) 2799-7799
www.editoranacional.com.br – comercial@ibep-nacional.com.br